AF853366

Argitarapena:

Gipuzkoako Foru Aldundia
Gobernantzako eta Gizartearekiko Komunikazioko Departamentua
Modernizazioaren, Zerbitzuen eta Informazio Gizarterako Sistemen Zuzendaritza Nagusia

Gipuzkoa Plaza z.g. 20004, Donostia
Tlfno. zb. 943 113 960
modernizazioa@gipuzkoa.eus

L.G.: SS-554-2019 • ISBN: 978-84-7907-807-2

FORU ARAUA, GOBERNU ONARI BURUZKOA, FORU GOBERNANTZA PUBLIKOAREN ESPARRUAN

Aurkibidea

Gobernu Onaren Foru Araua, Gipuzkoako Foru Aldundiaren gobernantza publikoaren esparruan, aldaketa eta trantsizio testuinguru batean kokatzen da. Gobernantza onak ezaugarri dituen printzipio batzuei buruzko hausnarketa sakon baten emaitza da, besteak beste, irekiera, partaidetza, erantzukizuna, eraginkortasuna, koherentzia eta osotasuna. Foru arau honen xede nagusia da errealitate politikoa eta administratiboa Gipuzkoako gizarteak dituen behar eta itxaropenetara egokitzea eta bideratzea.

Eraldaketa hori gizarteak berak bultzatuta dator, gero eta zorrotzagoa baita, eta gobernatzen dugunoi eskatzen digu aldatu dezagula pentsatzeko, jarduteko, herritarrekin harremanak izateko eta ondasun publikoak kudeatzeko dugun modua. Errealitate horren aurrean, gure borondatea eta konpromisoa adierazi nahi dugu ikasteko gaitasunak garatzeko kudeaketa hobetzeari dagokionez, eta egin beharreko aldaketak egiteko, horrela, abian jartzen ditugun politika publikoak aldian behin egiten zaien ebaluazioa gainditu dezaten. Urrats hau bitarteko dela, Gipuzkoako Foru Aldundiak gogor lan egiteko erantzukizuna hartzen du bere gain mekanismoak eta prozedurak atzera bueltarik gabe eraldatzeko, egungo egoerara moldatu eta etorkizunerako prestatu daitezen.

Gardentasun eskaria gero eta handiagoa denez gero, Administrazioak baliabideak jarri behar ditu jarduteko moduan eta erabaki irizpideetan gardentasuna nagusi izan dadin. Izan ere, kontu emate zorrotz baten bidez bakarrik egingo dugu aurrera gobernantza onaren bidean. Horrez gain, ezin dugu ahaztu teknologia berrien aroan gaudela, eta horrek argi eta garbi adierazten du Administrazio adimendun baten aldeko apustua egin behar dugula, zerbitzu publikoak ematerakoan etengabeko berrikuntza ardatz nagusi izanda. Horretarako, ezinbestekoa da Administrazioaren kanpora begirako alderdia zein barrurakoa aztertzea; herritarrekin harremanak izateko modua modernitzatzea bezain garrantzitsua da Erakunde barneko funtzionamenduaz eta antolaketaz arduratzea; eta bi helburu horiek lortzeko, administrazio elektronikoa ezinbesteko bidelaguna da, izapideak errazago egiteko tresnak eskaintzen baititu.

Azken finean, Foru Arau hau beste atal garrantzitsu bat da, Gipuzkoako Foru Aldundiak elkarlanerako gobernantza berri baten alde egin duen apustu sendoaren barruan, zeinak bilatzen duen ikuspegi orokor batetik eragitea eta, horrela, Foru Aldundia egungo Gipuzkoara egokitzea eta etorkizunerako zutabeak ezartzea. Erakundeen gobernagarritasuna hobetzeko, gobernu onaren bidetik jo beharko dugu. Balio propioak sustatzeak eta eskuratutako berriekin esperimentatzeak kudeaketa publikoaren etengabeko modernizazio prozesua ahalbidetuko du, erakundearen zuzentasun ereduak eta gobernantza irekia uztartuz, horrela, eraginkortasuna, konfiantza eta ekonomiaren jasangarritasuna finkatzeko.

Markel Olano Arrese
Gipuzkoako Diputatu Nagusia

HITZAURREA

I

Gobernantza onak aukera eman die herrialdeei beren ongizatearen pertzepzio indizeei eusteko edo horiek hobetzeko, baita krisi ekonomikoko garaian ere. Emaitzek erakusten dutenez, gobernantza hobea duten herrialdeetan jendea pozik dago bere bizimoduarekin, eta ez hori bakarrik, gobernantzan hobekuntzak egin dituzten herrialdeetako biztanleen bizimoduan aldaketa adierazgarriak gertatu dira.

Gipuzkoako gizartearen exijentzia den eta Foru Aldundiak bere egiten duen gobernantza onaren ideia hori gobernatzeko modu desberdin batean islatzen da, gobernu kontzeptua berriz kokatzen duena, horizontalago eta laguntzaileago bihurtzen duena, eta bereziki lantzen ditu gizarte zibilarekiko konpromisoak eta loturak, gizarteari politika publikoen sustapen, diseinu, betearazpen eta ebaluazioaren berri emanez, interes kolektiboko gaien konponbidean parte izateko eta demokrazia parte-hartzailean sakontzeko.

Gobernantza onaren tresnak, prozedurak eta lanabesak bilakaera etengabean daude, eta diziplina hori berrikuntza praktiko handieneko esparruetako bat da, premia berrietara etengabe egokitzea eta iritsiko zaizkigun erronka berrien kontzientzia hartzea eskatzen diguna. Administrazioak bere gaitasun estrategikoa berreskuratu behar du, gizartearen eta bere konfigurazio demokratikoaren etorkizuneko erronkei aurre egiteko; eta, horretarako, gizartea inplikatu behar du elkarrekin kudeatzeko etorkizuneko erronka eta konpromiso horiek, herritarrak erabaki publikoetan parte hartzera eta erantzukizunak bereganatzera bultzatuz.

Foru arau honek finkatu nahi du administrazioaren eta herritarren arteko harreman eredu berri hori, oinarritzat hartuta zuzentasuna, kudeaketa ona, kontu ematea, gardentasuna eta herritarrek beraiei buruzko informazioa eskuratzeko duten eskubidearen aitorpena; betiere gobernu ona ezartzeko xedez, hori baita demokrazian sakontzeko bidea.

II

Foru Aldundia aitzindaria izan zen gardentasunari eta informazio publikoa eskuratzeari buruzko eta partaidetzari buruzko foru arauak onartzen, baita emakumeen eta gizonen berdintasuneko foru araua onartzen ere, eta horien bidez foru gobernuak pauso irmoak eman zituen gobernu irekiaren kontzeptuan eta emakumeen eta gizonen partaidetza parekidearen sustapenean.

Gaur egun, gobernantza publiko berri baten aldeko apustua egiteak eskatzen du esparru publikoaren kudeaketa ereduan sakontzea eta eredu hori gobernu onerantz bideratzea. Gobernu onaren kontzeptuak gobernantzako elementu exogeno batzuk hartzen ditu, hala nola zuzentasuna eta gardentasuna, baita gobernantzaren barruko beste batzuk ere, horien xedea delarik administrazio ona lortzea, eraginkorra eta ekitatiboa, eta administrazio berritzaile bat lortzea, gizarte konplexu baten eraldaketa eta aldaketa prozesuekin bat egiten duena, administrazioaren egitekoa baita gizarte horren premiak asetzea.

Aurrekoarekin bat eginez, foru arau honek arautzen du foru gobernu eredua, foru gobernantza publikoaren esparruan eta hiru pilare nagusitan oinarrituta: a) erakundearen zuzentasuna; b) administrazio ona, eta c) gardentasuna eta informazio publikoa eskuratzeko eskubidea gobernu irekiaren funtsezko alderdi gisa.

Foru arau honetatik kanpo gelditzen da, araudi tradizioko eta gaiaren espezifikotasuneko arrazoiengatik, gobernu irekiaren funtsezko alderdi bat: herritarren parte hartzearena, berariazko araudi batean xedatzen baita. Horrenbestez, foru arau honetan horren aipamena egiten den guztietan, herritarren partaidetzari buruzko araudira igortzen da.

Gainera, foru arau honek zeharkakotasunez jasotzen du genero ikuspegia, emakumeen posizio soziala, ekonomikoa eta politikoa indartzea helburu duena, bizitzaren esparru guztietan emakumeen eta gizonen berdintasuna bermatu eta demokrazia parte-hartzailean sakontzearren, hala xedatzen baitu 2/2015 Foru Arauak, martxoaren 9koak, Emakumeen eta Gizonen Berdintasunerakoak, 36. eta 37. artikuluetan.

Erakundearen zuzentasuna gobernu onaren funtsezko alderdi eta oinarrizko balioa da, eta hori bermatzeko nahitaezkoa da erantzukizun politikoa duten pertsonek nahiz langile publikoek, eta foru zerbitzuak ematen dituzten entitateek edo pertsonek jarduera eredugarria izatea eginkizun publikoak betetzerakoan. Zuzentasunak Gipuzkoako erakunde egituraren izaeraren, seriotasunaren, lan egiteko moduaren eta sareko lanaren ezaugarri izan behar du, globalizazioko eta lehiakortasuneko ingurune batean. Beraz, garrantzitsua da foru administrazioaren azpiegitura etiko bat sortzea, legeak betetzera mugatuko ez den eta erakunde zuzentasuneko esparru bat eraikitzeko pauso irmoak emango dituen politika bat bultzatuz, herritarrek beren erakundeekiko konfiantza berreskura dezaten. Horrez gain, kudeaketa publikoan jardunbide egokiak ezartzen eta garatzen badira, hobetu egingo da administrazioaren errendimendua, herritarrek behar dituzten zerbitzuen onerako.

Foru arau honetan jasotzen den ereduak Lankidetzarako eta Ekonomia Garapenerako Erakundeak ezarritako jarraibideak jarraitzen ditu. XX. mendeaz geroztik, erakunde hori zuzentasuneko esparruen sorrera sustatzen ari da antolakuntza testuinguru ezberdinetan egiten duen kudeaketarako; halaber, etengabeko hobekuntza prozesuak sustatzen ari da, prebentzio izaera duen ikaskuntzako espazio iraunkor bat sortzeko, zeinaren helburu nagusia baita zuzentasunaren kultura bultzatzea.

Administrazio onak abiapuntutzat hartzen du pertsona orok administrazio ona izateko duen eskubidea, Europar Batasuneko Oinarrizko Eskubideen Gutunak 41. artikuluan jasotakoa, eta foru administraziora eta bere sektore publikora zabaldu nahi du.

Foru arau honen ondorioetarako, administrazio ona da, kudeaketa aurreratuko eredu baten bidez eta plangintza eta ebaluazioa bezalako kudeaketa tresnak erabiliz, zerbitzuen hartzaile diren pertsona eta erakundeen beharrei modu eraginkor eta ekitatiboan erantzuten diena, eskubide guztiak bermatuz, baita hizkuntza eskubideak ere, eta kontuak eskatuko dizkion gizartearekin harreman etengabea duena. Horrenbestez, jarduera publikoaren kontu ematea sistema demokratikoaren funtsezko alderdia da, eta indartu egiten du herritarrek erakundeetan duten sinesgarritasuna eta konfiantza. Kontu emate horretan arduradun politiko eta langile publiko guztiak behartuta daude gauzatutako politika eta ekintzei eta hartutako erabakiei buruzko informazioa ematera herritarrei.

Gizarte berritzaile baten testuinguruan, administrazioaren zentzuzko berrikuntzak, oraingo erronketan eta etorkizunean egon daitezkeenetan zentratutakoak, eragiten du gobernantza ere etengabeko ezagutza eta berrikuntza lan bat izatea. Horrek berekin dakar gure ohiturak errotik aldatzea, administrazioaren eraldaketa digitalari ekitea eta prozedura administratiboetan, plangintzakoetan eta ebaluatzaileetan ezagutza teknikoa eta zientifikoa txertatzea, gizarte balioa sortzeko eta eztabaida nahiz erabakitze prozesu sendoagoak ahalbidetzeko.

Foru gobernu ona, gainera, gobernu gardena da hasieratik, eta, horretarako, batetik, modu irekian lan egin behar du, komunikazio aktiboa eta jende guztiak ulertuko duena garatuz, eta, bestetik, partaidetza eta politika eta zerbitzu publikoen baterako sorkuntza txertatu behar ditu. Garbi dago Foru Aldundiak eta sektore publikoko gainerako entitateek asko aurreratu dutela irekieraren eta elkarlanaren arloan, bereziki, 1/2010 Foru Araua, uztailaren 8koa, Herritarren Partaidetzari buruzkoa eta 4/2014 Foru Araua, otsailaren 6koa, Gardentasunari eta Informazio Publikoa Eskuratzeari buruzkoa, onartu ondoren. Horrenbestez, foru arau honen oinarrian dagoen printzipioa da informazioa eta datuak herritarrenak direla eta, ondorioz, azpimarratzen du administrazioen betebeharra dela datu horiek publiko egitea, legez babestutakoak izan ezik; era berean, foru arauak oinarri berriak ezartzen ditu benetako gardentasunean aurrera egiteko, kontrol demokratikoa hobetzeko tresna izango baita.

III

Gardentasunaren gaiaren inguruan kontuan hartu beharreko nazioarteko erreferentziazko araudia da Europako Kontseiluaren 205. Hitzarmena, dokumentu publikoak eskuratzeari buruzkoa, zeinak ezartzen dituen estatu kideen esperientzia eta praktikatik ateratako gutxieneko arauak; datuen babesari dagokionez, berriz, Europako Legebiltzarraren eta Kontseiluaren 2016/679 Erregelamendua, 2016ko apirilaren 27koa, datu pertsonalen tratamenduari eta datu horien zirkulazio askeari dagokienez pertsona fisikoak babesteari buruzkoa. Halaber, honako hau da estatu mailan kontuan hartutako araudia: 19/2013 Legea, abenduaren 9koa, gardentasunari, informazio publikoa eskuratzeko bideari eta gobernu onari buruzkoa; 37/2007 Legea, azaroaren 16koa, sektore publikoko informazioa berrerabiltzeari buruzkoa eta horren aldaketak; 39/2015 Legea, urriaren 1ekoa, Administrazio Publikoen Administrazio Prozedura Erkidearena, administrazioaren eta administratuen arteko ad extra jarduerak arautzeari dagokionez, administrazio publikoentzat nahitaezkoa baita; 40/2015 Legea, urriaren 1ekoa, Sektore Publikoaren Araubide Juridikoarena; 9/2017 Legea, azaroaren 8koa, Sektore Publikoko Kontratuena; eta 5/2018 Errege Lege Dekretua, uztailaren 27koa, Espainiako zuzenbidea Europar Batasuneko datuen babesari buruzko araudiaren arabera egokitzeko premiazko neurriena.

Bestalde, Euskal Autonomia Erkidegoan eta Gipuzkoako Lurralde Historikoan, ondoren zerrendatzen den araudia hartuko da oinarritzat Administrazio Publikoen eta herritarren arteko harremanetan: 1/2014 Legea, ekainaren 26koa, Kargu Publikodunen Jokabide Kodea eta Haien Interes Gatazkak Arautzen dituena; 4/2011 Foru Araua, abenduaren 19koa, Gipuzkoako Lurralde Historikoaren foru sektore publikoaren eremuan jardueren erregistroa eta ondasun eta interesen erregistroa arautzen duena; 10/1982 Legea, azaroaren 24koa, Euskararen Erabilera Normalizatzeko Oinarrizkoa; 4/2005 Legea, otsailaren 18koa,

Emakumeen eta Gizonen Berdintasunerakoa, eta 2/2015 Foru Araua, martxoaren 9koa, Emakumeen eta Gizonen Berdintasunerakoa; baita herritarren partaidetzari buruzko araudia eta foru arau hau ere.

IV

Horiek horrela, Euskal Herriaren Autonomia Estatutuak, 37.3.a) artikuluan, foru organoei beren erakunde propioen antolaketa, araubide eta jardueraren inguruan aitortzen eta esleitzen dien bakarreko eskumena gauzatuz, foru arau honek bere gobernu onaren eredua garatzen du, administrazioaren betebeharrak zabalduz aukera duen guztian.

Gobernu Onaren Foru Arau honek bost titulutan banatutako 60 artikulu, lau xedapen gehigarri, xedapen indargabetzaile bat eta amaierako bi xedapen ditu.

I tituluan, xedapen orokorrei dagokiena, foru arauaren xedeaz gain, gobernu onaren printzipioak ezartzen dira eta kontzeptuen definizio zehatza ematen da. Foru Arauaren aplikazio eremu subjektiboari dagokionez, berariaz adierazten da nori aplikatuko zaion foru araua, gardentasuneko betebeharrak direla eta. Era berean, gobernu onaren organoa sortzea aurreikusten da, xedetzat izango duena foru arau bera ezartzea eta ebaluatzea, eta berariaz sustatzen da erakundeen arteko lankidetza eta gobernu onerako prestakuntza.

II tituluak Erakundearen Zuzentasun Sistema arautzen du, foru gobernu onaren benetako eta funtsezko giltzarri, zeinaren helburua baita azpiegitura etiko bat eraikitzea balio multzo batean oinarrituta eta helburuen, kodeen eta berme erakundeen bitartez egituratuta. Sistemaren helburuak finkatzen dira, eta azpimarratzen da sistemaren izaera prebentziozkoa eta zuzentasunaren kultura sustatzeko premia. Jokabide kodeak zuzentasun sistemaren oinarrizko tresna gisa hartzen dira, eta, era berean, sistemaren Berme Organoa aurreikusten da –3/2016 Foru Dekretuak, martxoaren 1ekoak, sortu zuena–, organo independente gisa eratuta kodeak betearazteko eta jokabide okerrak prebenitzeko. Titulu honetan ere, Interes Taldeen Erregistroaren sorrera aipatzen da, aurrerago egingo den foru dekretu batean sortuko eta arautuko dena eta bi helburu dituena, batetik, politika publikoen prestakuntzan eta aplikazioan taldeen parte hartzea ahalbidetzea, eta, bestetik, parte hartze hori etikoa eta gardena izatea.

III tituluak, administrazio onari buruzkoak, plangintzari, ebaluazioari eta kontuak emateari buruz hitz egiten du I kapituluan. Estrategiak eta politika publikoak irudikatzeko eta horien ebaluazioa eta kontu ematea errazteko mekanismo gisa ulertzen du plangintza. Planen artean, nabarmentzen du Foru Aldundiak legealdiaren hasieran prestatu behar duen plan estrategikoa, gobernuaren jarduera gidatuko duena legegintzaldian zehar eta herritarrekin hartutako konpromisoa eratuko duena. Plan horretatik aterako dira beste batzuk, Diputatuen Kontseiluak onartuko duen egutegiaren arabera. Plan guztiek aurrerapenaren eta betetze mailaren inguruko zehaztapenak jasoko dituen jarraipen dokumentu bat edukiko dute.

Kapitulu honetan sartzen da politika publikoen, planen, programen eta zerbitzu publikoen ebaluazioa, pixkanaka-pixkanaka erabakitze prozesuetan txertatzen joateko, eta kontuak ematearen eta etengabeko hobekuntzaren kulturan aurrera egiteko.

Kapitulu honetan, kontu ematearen gaia arautzen da, hau da, arduradun politikoek eta langile publikoek erabili diren baliabideen, hartutako erabakien eta agindutako kudeaketaren emaitzei buruz herritarrei informazioa, erantzuna eta justifikazioa emateko eta herritarren ebaluaziora jartzeko prozesu iraunkorra; betiere, gizarte kontrola bultzatzeko helburu nagusiarekin.

Administrazio onaren tresna horietan guztietan genero ikuspegia txertatzeko betebeharra ezartzen da, emaitzak eta eraginak emakumeen eta gizonen egoera eta pertzepzio desberdinak kontuan hartuta aztertzeko. Ikuspegi hori ezagutza zientifikora eta komunikazio interaktibora hedatzen da.

Titulu honen II kapituluan kudeaketa aurreratuaz hitz egiten da, hau da, jarraian zehaztuko diren ezaugarriak dituen administrazio bat izateko beharrezkoa den kudeaketa: profesionaltasunez eta inpartzialtasunez diharduen administrazioa, ikuspegi estrategikoz jokatzen duena, koherentea, helburu garbiak dituena, emaitzak lortzera bideratuta dagoena, eta zerbitzu, lan eta komunikazio hizkuntza euskara duena. Diputatuen Kontseiluak plan bat onartuko du eredu hori Foru Aldundian ezartzeko.

Herritarrekiko komunikazio interaktiboak ematen dio amaiera kapitulu honi, eta ondorengo eran definitzen du herritarren arreta sistema: herritarrei modu aktiboan entzuteko kanalak zabalik edukitzearren haien galderei eta eskaerei modu egokian erantzuten dien sistema da.

Bestalde, III kapituluak berrikuntzaren eta eraldaketa digitalaren kudeaketa aztertzen du. 22. artikuluan arautzen da berrikuntza publikoa eta soziala eta hori gobernantza eredu berrietan eta Administrazioaren barne eta kanpo prozesuetan txertatzea. Hala, Foru Administrazioari eskatzen zaio berrikuntzarako testuinguruak sortzeko.

Foru Aldundiak onartzen du bere betebeharra dela plan batean jasotzea eraldaketa digitala sustatzeko eta informazio eta komunikazioko teknologia berriak sartzeko bere estrategia, zeinaren helburuak izango diren administrazioaren eraginkortasuna hobetzea, informazioaren kudeaketa inteligentea egitea eta herritarrekiko harreman digitalerako eredua ezartzea.

IV tituluak gobernu irekiaren funtsezko hiru elementu arautzen ditu: gardentasuna, datuak irekitzea eta informazioa eskuratzea.

I kapitulua, gardentasunari eta datuak irekitzeari buruzkoa, zenbait ataletan banatzen da eta horietan xedapen orokorrak, jarduera publikoaren gardentasuna, datu irekiak eta administrazioaren antolamendua arautzen dira.

1. atalean, xedapen orokorrei dagokiena, bertan nabarmentzen dira, batetik, informazioa ematearen alde ahalik eta zabalen jokatzeko printzipioa, eta, bestetik, informazioa eskatzen duten pertsonen eskubidek eta betebeharrak. Horrez gain, informazio publikoaren kudeaketaz eta ezaugarriez arituko da; osotasuna, erabilgarritasuna eta argitaratze irekia bermatzera bideratutako kudeaketa.

2. atalak, jarduera publikoaren gardentasunari buruzkoak, sektore publikoak publizitate aktiboaren arloan dituen betebeharrak eta informazio publikoaren ondorio juridikoak jaso eta gero, 30.etik 35.era bitarteko artikuluetan zehazten da argitaratzekoa den informazio publikoa: erakundeari eta beronen antolaketa, plangintza eta ondareari buruzko informazioa; foru kargu publikoei buruzko informazioa; garrantzi juridikoa duen informazioa; kontratazio hitzarmen eta diru laguntzei buruzko informazioa; ekonomia, finantza, aurrekontu eta estatistika informazioa; eta herritarrekiko harremanei buruzko informazioa. Esparru horretan, foru arauak jasotzen ditu 9/2017 Legeak, azaroaren 8koak, Sektore Publikoko Kontratuenak, xedatutakoaren ondoriozko betebehar berriak, eta zabaldu eta hobetu egiten ditu publizitate aktiboko betebeharrak, arreta berezia jarriz gardentasunaren aldeko erakundeek planteatutakoetan.

Gardentasunarekin zuzenean lotutako datuen irekiera 3. atalean arautzen da, 38. artikulutik 41.era. Foru sektore publikoak formatu berrerabilgarria eta elkarreragingarria duten datuak eta dokumentuak irekitzeko ardura hartuko du bere gain, bai erabilera publiko-sozialerako bai pribatu-komertzialerako. Datuak berrerabiltzearen araubide administratiboa arautzen da; datuen politika partaidetzazkoa izango dela eta plan batean jaso ahal izango dela adierazten da, eta, amaitzeko, administrazioen arteko lankidetza sustatzen da.

Administrazioaren antolamendua 4. atalean jasotzen da, eta arauak aurreikusten du informazioko departamentu unitateak gardentasunerako nahiz datuetarako izatea; alabaina, ardura desberdinak izango dituzte: gardentasunaren ardura idazkaritza teknikoena izango da, datuena, berriz, unitate eta zerbitzu guztiena. Era berean, koordinazioaren premia adierazten da, eta organo koordinatzaileak izango dituen eskumenak zehazten dira.

Bestalde, II kapituluan arautzen dira informazio publikoa eskuratzeko eskubidea eta bere mugak, eta zehazten dira informazioa eskuratzeko prozedura eta ebazteko modua. Handitu egin dira informazioa eskuratzeko orain arte zeuden bideak, eta 20 egunera murriztu da eskaera ebazteko epea. Nabarmentzekoa da Foru Aldundiak 50. artikuluan hartzen duen konpromisoa, eskaera guztiei erantzutekoa eta epe barruan ebaztekoa.

Bukatzeko, III kapituluan arautzen dira gardentasun bermeak eta Foru Aldundiaren eskumen ahalmenari egokitutako zehapen araubidea. Gardentasunaren arloko Erreklamazio Batzordea sortuko da, kide anitzeko organo independentea izango da, eta herritarrek egiten dituzten erreklamazioak aztertuko ditu. Batzordea geroko foru dekretu batean garatuko da. Bestalde, 54.etik 59.era bitarteko artikuluetan honako puntu hauek arautzen dira: goi kargudunei eta asimilatuei eska dakiekeen erantzukizuna; arau-hausteen eta zehapenen araubidea; eta, azkenik, zehapen prozedura eta zehapenen publizitatea.

Amaitzeko, V. tituluak artikulu bakarrean arautzen du foru araua bost urtean behin ebaluatu beharko dela. Ebaluazioa partaidetzaren bidez egingo da eta Diputatuen Kontseiluak onartu beharko du, ondoren Gipuzkoako Batzar Nagusietara igortzeko.

Lehenengo xedapen gehigarrian jasotzen da Batzar Nagusiei zuzendutako aurreikuspena, foru arau honetan xedatutakoa bertan aplikatzeari buruzkoa.

Bigarren xedapen gehigarriak ezartzen du foru arau honen 11. artikuluan aurreikusitako Erakundearen Zuzentasun Sistemaren Berme Organoa izango dela Erakundearen Etika Batzordea, 3/2016 Foru Dekretuak, martxoaren 1ekoak, edo horren ordezko araudiak xedatutakoa.

Hirugarren xedapen gehigarriak urtebeteko epea ezartzen du 14. artikuluan jasotzen den Interes Taldeen Erregistroa arautzeko.

Laugarren xedapen gehigarriak dio foru arauak enplegatu publikoei egindako erreferentzia guztietarako Langile Publikoaren Oinarrizko Estatutuaren Testu Bateratura jo beharko dela.

Xedapen indargabetzaileak indargabetu egiten ditu foru arau honetan ezarritakoarekin bat ez datozen edo kontraesanean dauden maila bereko edo txikiagoko xedapen guztiak. Indargabetuta geratzen dira, berariaz, honako hauek: 4/2014 Foru Araua, otsailaren 6koa, gardentasunari eta informazio publikoa eskuratzeari buruzkoa, eta 3/2007 Foru Arauak, martxoaren 27koak, Gipuzkoako Lurralde Historikoko diru laguntzei buruzkoak, 17. artikuluko bigarren paragrafoko c atalean xedatutakoa.

Amaierako lehen xedapenean, Diputatuen Kontseiluari xedapenak emateko ahalmena ematen zaio, eta, bigarrenean, xedatzen da foru araua Gipuzkoako Aldizkari Ofizialean argitaratu eta hurrengo egunean jarriko dela indarrean.

I. TITULUA

Xedapen Orokorrak

1. artikulua. Xedea.

Foru arau honen xedea da gobernu onaren kontzeptua arautzea foru gobernantza publikoaren esparruan. Izan ere, Gobernu Ona zuzentasun sistema bat duena izango da, hots, planifikatzen, ebaluatzen eta kontuak ematen dituen administrazio on batez, kudeaketa eredu aurreratu batez eta gobernu ireki, garden eta partaidetzazko batez hornituta dagoena. Gobernu horrek, eskura diren bitartekoak baliaturik, ahalik eta balio publiko handiena sortu behar du, gizartearen arazo eta behar garrantzitsuei erantzun behar die, emakumeen eta gizonen arteko berdintasuna sustatuko du eta egungo eta etorkizuneko belaunaldientzako aukerak sorrarazi behar ditu, komunitatea, herritartasuna eta demokrazia sortzeko eztabaida demokratikoa sustatzearekin batera.

2. artikulua. Aplikazio eremu subjektiboa.

1. Foru arau hau honako hauei aplikatuko zaie:

    a) Foru Administrazioari, hau da, Foru Aldundiari eta bere organoei.

    b) Horretarako sektore publikoa osatzen duten entitateei:

        I. Foru organismo autonomoei.

        II. Foru enpresa-entitate publikoei.

        III. Merkataritzako foru sozietateei.

        IV. Foru fundazioei.

2. Gardentasunari eta informazio publikoa eskuratzeari dagokienez, arau hau aplikagarri izango zaie, halaber, Gipuzkoako Batzar Nagusiei, bai duten jarduera parlamentarioari dagokionez bai administrazio zuzenbidearen araupeko beren jarduerei dagokienez, lehenengo xedapen gehigarrian xedatuarekin bat.

3. Halaber, gardentasun betebeharrak aplikagarri izango zaizkie, oinarrizko araudiak xedatutako terminoetan, diru laguntzak jasotzen dituzten entitate pribatuei, alderdi politikoei, sindikatuei eta enpresa erakundeei.

4. Zerbitzu publikoak ematen dituzten edo administrazio ahala duten pertsona fisikoek eta juridikoek, sektore publikoko kontratuen esleipendunek, eta oinarrizko araudiaren arabera eta bertan aurreikusitako irismenarekin behartuta dauden gainerako subjektuek IV. tituluan jasotako publizitate aktiboko betebeharrak betetzeko beharrezkoa den informazio guztia eman beharko diote artikulu honen 1 eta 2 zenbakietan zerrendatutakoen artetik haiekin loturaren bat duen entitateari, hark eskatzen dienean.

Informazioa emateko betebehar hori berariaz jasota egongo da dagokion lotura edo harremana eratzeko baliatuko den bitartekoan, hala nola hitzarmenetan, baldintza administratibo berezien agirietan edo horien baliokide izan daitezkeen kontratazio agirietan.

3. artikulua. Gobernu onaren printzipioak.

Foru Aldundiaren eta foru sektore publikoa osatzen duten gainerako alderdien gobernu jarduera gidatuko dituzten printzipioak honakoak izango dira:

- **Erakundearen zuzentasuna.** Erakundearen zuzentasuna funtsezko balio gisa, ardura politikoa duten pertsonek eta enplegatu publikoek zein foru zerbitzuak emateko lanean parte hartzen duten erakunde edo pertsonek garatzen dituzten funtzio publikoetan aritzeko unean.
- **Elkartasuna,** pertsona ahulenak albo batean uzten ez dituen, gizarteratzeko eta bazterketa saihesteko mekanismoak garatzen dituen eta belaunaldien arteko elkartasuna bermatzen duen gizartea eraikitzeko.
- **Jasangarritasuna,** gizarte, ekonomia eta ingurumen mailako aurrerapen eredua bitartekoen erabilera jasangarri baterantz bideratzeko.
- **Emakume eta gizonen berdintasuna.** Emakumeek eta gizonek aukera berdinak dituzten gizartea, gobernu ona garatzeko eta ezartzeko erakunde eta tresnetan genero ikuspegia jasotzen duena.
- **Hizkuntza berdintasuna.** Euskararen erabileraren sustapen aktiboa, bai barneko lan politiko-administratiboan aritzean bai beste botere publiko batzuekiko erakundeen arteko harremanetan, eta bereziki herritarrekiko eta horien elkarte-ehunarekiko harremanetan. Jarduera proaktiboa, hizkuntz aukerak parekatzeko eta hiztunen arteko berdintasuna sustatzeko.
- **Inpartzialtasuna,** pertsonak berdintasunez tratatzen dituen, prozeduretan araua aplikatzen duen eta ongizatea mantentzeko eta hobetzeko aukeretarako sarbide unibertsala, baita gutxiengoena ere, bermatzen duen jarduteko modutzat ulertuta.
- **Datu gardentasuna eta datuak irekitzea.** Gardentasuna funtsezko kontzeptutzat, herritarrei eskatu duten informazio publiko garrantzitsu guztia emateko, eta informazio hori eskuratzeko aukera eskubide gisa eraturik, herritarrekiko konfiantzan oinarritutako harremana eratu, Foru Aldundiaren eta beronen sektore publikoaren erakunde-legitimitatea sendotu eta kontuak ematea ahalbidetzearren. Datuak ahal den formatu guztietan eta ordenagailuz automatikoki irakurtzeko moduan irekiko dira, hartara, gardentasunaren erakusgarri izateaz gain, ezagutza kolektibo bihurtuko baita informazioa.
- **Kontuak ematea.** Jarduera publikoan aritzeko unean garatutako politika eta ekintzen gaineko kontuak ematea, sistema demokratikoaren funtsaren parte gisa eta herritarrek beren erakundeekiko duten sinesgarritasun eta konfiantzaren sendogarri.
- **Partaidetza, herritarrei aktiboki entzutea eta elkarlana.** Gipuzkoako herritarrei aktiboki entzutea eta haiekiko konexioa izatea, partaidetzaren eta baterako sorkuntzan eta lankidetza publiko-pribatuko sinergietan oinarritutako ekintza publikoaren konpromiso zibikoaren indargarri gisa.
- **Kudeaketako ekitatea, eraginkortasuna eta efizientzia.** Foru sektore publikoak bere zerbitzuen hartzaile dituen pertsona eta erakundeen beharrei era ekitatezko eta eraginkor batean erantzuna emateko moduan bideratuko du bere jarduera, betiere pertsona guztiei bermatuta zerbitzu horiek eskuratzeko aukera.

- **Objektibotasuna,** irizpide objektibo eta neurgarriei jarraikiz egingo den politika eta zerbitzu publikoen emaitza eta inpaktuen ebaluazioan.
- **Sarbide unibertsalaren eta pertsona guztientzako diseinuaren printzipioa.** Zerbitzu eta azpiegitura fisiko edo teknologiko guztiak pertsona guztientzako irisgarriak izango dira. Informazioa eskuratzeko eta informazioa berrerabiltzeko bitarteko eta formatu egoki eta ulergarriak erabiliko dira, kontuan harturik betiere gizartea osatzen duten pertsonen aniztasuna.
- **Teknologiaren neutraltasunaren printzipioa.** Estandar neutro eta irekiak erabiltzea sustatu behar du administrazioak, eta kode irekiko programak erabiltzea eta datuak berrerabiltzea, eta, bereziki, teknologia gizarte erabilerari egokitzen zaiola zaindu beharko du, pertsona guztiek beren eskubideak gauzatu ahal izan ditzaten aukera-berdintasunean.
- **Elkarreragingarritasuna.** Informazio sistema guztiak eta horiek euskarria ematen dieten prozedura guztiak gai izango dira datuak partekatzeko eta elkarren artean informazioa eta ezagutza trukatzeko.
- **Bitartekoen intermodalitatea,** aplikazioek eta informazio sistemek herritarrei aukera eman diezaieten administrazioarekin harremana izateko unean baliatzen duten bidea aldatzeko, betiere osotasuna eta segurtasun juridikoa ziurtatuta eta, beraz, eragotziz kanal bata edo bestea aukeratzeak administrazioarekiko harremanean murriztapen edo diskriminaziorik eragitea.
- **Informazioaren kalitatearen printzipioa,** informazio osoa, eguneratua, ongi antolatua, argia eta ulergarria izatea bermatuta. Jendaurreko informazioak egiazkoa izan behar du, hau da, egia izan behar du, zehatza, eta benetakotasun eta fidagarritasun egiaztatuko dokumentuetatik iritsia. Baliagarria ere izan behar du, hau da, egokia izan behar du informazio horrekin lortu nahi diren helburuak betetzeko.
- **Sinpletasun eta ulergarritasunaren printzipioa.** Informazioa era argi eta egituratu batez argitaratuko da, erraz ulertzeko moduan, hizkera argiz eta ulertzea erraztuko duten ikusizko tresna grafikoak erabilita.

4. artikulua. Gobernu onaren organoa.

Gaiaren arabera eskumena duen departamentuaren egitura organiko eta funtzionala ezarriko duen foru dekretuak zehaztuko du zein unitate administratiboari dagokion foru arau hau ezartzea eta ebaluatzea, eta bere egitekoen artean honako hauek egongo dira:

a) Gobernu onaren printzipioak foru departamentu guztietan aplikatzeko gidalerroak prestatzea.

b) Foru arau hau garatzeko proiektu arauemaileak prestatzea.

c) Departamentuekin elkarlanean aritzea, gobernu onaren tresnak garatzeko lanean.

d) Gobernu onaren printzipio eta helburuetan oinarritutako tresna edo prozesu berrien ezarpena balioestea.

e) Foru arau hau 60. artikuluan aipatuarekin bat ebaluatzea.

f) Jarduerak koordinatzea partaidetza eta plangintza estrategikorako unitateekin, gobernu irekiaren koherentzia bermatzeko.

g) Foru arau hau egoki betetzeko eslei dakion beste edozein.

5. *artikulua. Gobernu onera begirako erakundeen arteko lankidetza.*

Foru arau honetan jasotzen den gobernu onaren eredua erakundearen zuzentasun, administrazio on eta gobernu ireki kontzeptuetan dago oinarrituta, eta Gipuzkoako administrazioek, hots, Foru Aldundiak eta Toki Erakundeek, partekatutako eredua izan nahi du. Horretarako Foru Aldundiak, oro har eta gauzak zehatz-mehatz ezartzeko asmorik gabe, gobernantza ereduaren gaineko gogoetarako guneak bultzatuko ditu, prestatzen dituen gobernu onerako programa, tresna eta bitartekoak udalen eskura jarriko ditu, eta Gipuzkoako Erakundeen berrikuntza sozial eta eraldaketa digitalean lagunduko du.

6. *artikulua. Gobernu onerako prestakuntza.*

1. Foru Aldundiak, langileei zuzendutako prestakuntza planaren barnean, gobernu ona osatzen duten elementuen gaineko prestakuntza ekintzak jasoko ditu, hau da, erakundearen zuzentasunari, administrazio onari eta gobernu irekiari buruzkoak, Foru Aldundiaren kulturan txertatuta gera daitezen.

2. Era berean, foru gobernu onaren komunikazio interaktiborako ekintzak eta arlo horretarako prestakuntza ekintzak bultzatuko ditu, gizarteari zuzenduta, honek ezagutza sakonagoa lor dezan eta gobernu onaren ezarpenean lankidetzaren bidetik jarduteko.

7. *artikulua. Definizioak.*

Foru arau honen ondorioetarako, honako kontzeptu definizioak izango dira:

- **Erakundearen zuzentasuna:** Erakundearen zuzentasun politikari oinarria ematen dion foru sektore publikoaren azpiegitura etikoa, helburu, printzipio eta berme-erakundeen bitartez egituratua eta bere sistemaren oinarrizko tresnatzat jokabide kodeak dituena.

- **Interes taldeak:** pertsonak eta erakundeak, duten forma edo estatutu juridikoa dena dela, arau edo xedapen orokorrak lantzeko edo politika publikoak prestatzeko edo aplikatzeko unean eragin dezaketen jarduerak garatzen dituztenak, beste pertsona edo erakunde batzuen intereserako; eta plataforma, sare edo jarduera kolektiborako beste forma batzuk, pertsonalitate juridikorik izan ez arren egiaz eragin-iturria direnak.

- **Administrazio ona:** herritarren beharrei ekitatez, eraginkortasunez eta efizientziaz erantzuten diena; gizarte balioa sortzen duena; kudeaketa publikorako eredu aurreratua jasotzen duena; euskararen erabileran jarduera proaktiboa garatzen duena hizkuntza berdintasuna lortzeko bidean; zerbitzuak definitzeko eta emateko unean, informazioa kudeatzeko sisteman eta herritarrekiko komunikazio interaktiboan jardunbide berritzaileak ezartzen dituena.

- **Plangintza:** foru sektore publikoaren estrategiak, politikak eta ekintza-programak gauzatzen, denboran proiektatzen eta helburuak eta emaitzak lortzera bideratzen dituen tresna.

- **Ebaluazioa:** behaketa, neurketa, analisi eta interpretazio prozesu integral, garden eta partaidetzazkoa, esku-hartze publikoaren gaineko ezagutzara bideratua, ebidentzietan oinarriturik esku-hartze horren diseinu, praktikan jartze, emaitza eta inpaktuei buruzko balorazio judizioa lortu ahal izatearren, erabakiak egokiago hartzera begira.

- **Kontuak ematea:** prozesu iraunkorra, arduradun politikoek, jarduketen arduradunek eta enplegatu publikoek herritarrei informazioa, erantzunak eta justifikazioak ematekoa, bitartekoen erabilerak, erabakiek eta agindutako kudeaketak izan dituzten emaitzei buruz; prozesu horretan, aipatutakoak herritarren ebaluazioaren pean geratzen dira.

- **Kudeaketa aurreratua:** eskura diren bitartekoen erabilera ekitatezko eta eraginkor baten bidez pertsonen eta gizarte taldeen beharrak asetzen laguntzen duena; kudeaketa horretan, zerbitzu publikoak hartzaile zuzen dituzten pertsona eta erakundeetara daude bideratuta, azken batean gizarteari balioa eskainiko dion kudeaketa publiko baten bitartez.

- **Berrikuntza publiko eta soziala:** administrazioa berritzeko prozesua, gizartean dauden ezagutza eta talentua jasotzen dituena herritarren arazoei hobeto erantzutearren; gaitasun tekniko eta teknologikoen eta bitartekoen erabilera burutsua egiten du, balio publikoa ematearekin batera.

- **Eraldaketa digitala:** erakunde batek bere egitura eta funtzionamendua teknologia eta ingurune digitalera egokitzeko aldatzen dituen prozesua, betiere antolaketa hobetzeko eta administrazioarekiko harreman modu berriak eskatzen dituzten herritarrei zerbitzu hobea emateko xedez.

- **Komunikazio interaktiboa:** administrazioaren eta herritarren artean interakzio sortzailea eta lankidetza eta erantzunkidetasunezko erlazio fluxuak ahalbidetzen dituen harreman eredua ezartzen duena, administrazioaren eta herritarren gizarte eraldaketara begira.

- **Herritarrentzako arreta:** herritarrei haien eskubideak baliatzea, dituzten obligazioak betetzea eta informazioa eskuratzea ahalbidetuko dien erlazio eremu onuragarria sortzeko antolatzen diren prozesu eta bitartekoen multzoa.

- **Gardentasuna:** obligazio positiboa, foru sektore publikoaren jarduera aditzera emateko garrantzitsua den informazioa hark bere ekimenez eta era iraunkor, eguneratu eta sistematiko batean publiko egitekoa.

- **Informazio publikoa:** foru sektore publikoko subjektuetako edozeinen esku dauden datuak edo dokumentuak, formatu edo euskarria dena dela, subjektu horiek beren jardueretan landu edo eskuratuak.

- **Datu irekiak:** foru sektore publikoak duen informazioa, pertsona guztiek erabiltzeko moduko formatuetan, hots, ordenagailu bidez automatikoki irakurtzekoak eta elkarreragingarriak direnetan, argitaratzen dena.

- **Informazioa eskuratzea:** foru sektore publikoko erakunde eta entitateek duten eta beren eginkizunak gauzatzen dituzten bitartean prestatutako edo eskuratutako informazio publikora iristeko pertsona guztiek duten eskubidea, inolako motibaziorik zein inolako interes espezifiko edo bestelako eskubiderik alegatu beharrik gabe balia daitekeena.

II. TITULUA

Erakundearen zuzentasuna

8. *artikulua. Helburuak.*

Erakundearen zuzentasun sistemaren helburuak honakoak dira:

a) Zuzentasunaren kultura garatzea eta sustatzea arduradunek, enplegatu publikoek eta zerbitzu publikoen horniduran parte hartzen dutenek garatzen dituzten jarduera publikoetan.

b) Erakundearen irudia kalte dezaketen jardunbide okerrei edo jokabide desegokiei aurre hartzea.

9. *artikulua. Sistemak inspirazio dituen balioak.*

Erakundearen zuzentasun sistemak inspirazio dituen balioak honakoak dira:

- **Ordezkaritza.** Foru kargu publikoek organoaren ordezkaritza-eginkizunak beteko dituzte, bai barnean bai kanpoan, erakundearen irudiak eskatzen duen duintasunarekin eta beharrezko portaera erakutsiz.

- **Zuzentasuna.** Beren eginkizun publikoetan ari direnean, eginkizun horiek berez eskatzen duten portaera etikoaren bidetik joko dute foru kargu publikoek eta enplegatu publikoek.

- **Eredugarritasuna.** Foru kargu publikoen eta enplegatu publikoen jarduerak, erakundearen irudia proiektatzen den ispilua izaki, portaera eredugarria erakustea eskatzen die horiei guztiei.

- **Zintzotasunez eta desinteresatuki aritzea.** Foru kargu publikoek eta enplegatu publikoek interes publikoa eta Gipuzkoako herritarrek, oro har, dituzten interesak erabat betetzera bideratuko dituzte beren jarduerak, ez beste ezertara.

- **Objektibotasuna.** Foru kargu publikoek eta enplegatu publikoek, beren jarduera publikoetan ari direnean, interes orokorrek, funtzio publikoen garapenak eta herritarren zerbitzurako sektore publikoak berezko dituen eginkizunek eskatzen duten objektibotasunarekin jardun beharko dute.

- **Profesionaltasuna.** Foru kargu publikoak eta enplegatu publikoak, beren eginkizunetan, goi mailako profesionaltasun irizpideei jarraikiz arituko dira.

- **Efizientzia.** Kargu publikoek eta enplegatu publikoek, bitartekoen kudeaketan eta kudeaketa ekonomiko eta finantzarioan ari direnean, efizientzia izango dute jarraibide, eta xahutzea mota oro saihestuko dute, beti, ondasun edo bitarteko publikoen erabileran, horien erabilera optimizatzea bilatuta.

- **Elkarbizitza eta errespetua.** Foru kargu publikoek eta enplegatu publikoek, beren eginkizunen bidez, elkarbizitza, elkartasuna eta tolerantzia erabat nagusituko diren gizartea sendotzea sustatuko dute, elkarrekiko begirunea, aniztasuna eta pertsonen arteko elkartasuna bultzatzearekin batera.

10. *artikulua. Jokabide kodeak.*

1. Jokabide kodeak Erakundearen Zuzentasun sistemaren oinarrizko tresna dira. Izan ere autoerregulazio dokumentuak dira, eta horien bitartez identifikatu egiten dira Foru Aldundian eta beronen sektore publikoan zuzenean edo zeharka eginkizun publikoetan ari diren pertsona guztiek jarraitu beharko dituzten balio, printzipio eta jokabide arauak.

2. Foru Aldundiak Jokabide eta Jardunbide Egokien Kodea edukiko du bere kide, goi mailako kargudun eta langile asimilatuentzat.

3. Foru Aldundiak jarduera-sektoreetarako jokabide kodeak prestatuko ditu, eta horietako balio eta printzipioak zabaldu egingo ditu herritarrei zerbitzuak ematen dizkieten edo zerbitzu publikoen hornitzaileak diren beste agente batzuetara ere.

4. Jokabide kodeak Diputatuen Kontseiluak onartuko ditu, arlo horretan eskumena duen departamentuko diputatuak proposatutik. Jokabide kode horiek onartzeko prozesuan parte hartuko dute kodeak berak eragiten dien pertsonek.

5. Erakundearen kide, goi kargudun eta langile asimilatuak banaka atxikiko zaizkio Jokabide eta Jardunbide Egokien Kodeari, eta atxikitze hori ezinbesteko baldintza izango dute, izendatuak izateko.

6. Foru Aldundiak bultzatuko du bestelako jokabide kodeak prestatzea, Erakundearen Zuzentasun Sistemaren koherentzia ziurtatzearren.

11. *artikulua. Berme Organoa.*

1. Foru Aldundiak Erakundearen Zuzentasun Sistemarako berme organo independentea izango du. Horren eginkizunak izango dira jokabide kodeetan araututakoa bultzatzea, sustatzea eta betetzen dela zaintzea, eta erakundearen izena kalte dezakeen edozein urraketa edo okerreko jokabideri aurre hartzea.

2. Berme Organoak sistema irisgarri eta sinplea edukiko du. Horretan, bai herritarrek bai Foru Aldundiko eta foru sektore publikoko beste erakundeetako langileek aukera izango dute, kontsultez gain, kexa edo salaketak ere egiteko, modu anonimoan zein identifikatuta, hau da, fede onez jardunez aukera izango dute erakundearen zuzentasunerako jokabide desegokitzat, edota horren kontrakotzat, har daitezkeen gertaerak edo egoerak izan direnean erakundea jakinaren gainean jartzeko.

3. Foru Aldundiak, foru dekretu baten bitartez, garatu egingo ditu titulu honetan jasotzen diren aurreikuspenak, aipatutako organoaren antolaketa, prozedura eta funtzionamendu arauak zehaztuko ditu, eta horren osaketan emakume eta gizonen arteko ordezkaritza orekatua bermatuko du, hau da, sexu bakoitza, gutxienez, % 40an ordezkatuta egongo da, 4/2005 Legeak, otsailaren 18koak, Emakumeen eta Gizonen Berdintasunerakoak, xedatutakoaren arabera.

12. *artikulua.* *Sistema hedatzea eta xedatzea.*

Foru Aldundiak erakundearen zuzentasuna osatzen duten balio, printzipio eta arauak hedatzeko eta horiek xedatzeko sistemak ezarriko ditu, batez ere prestakuntza eta komunikazio programen bitartez.

13. *artikulua.* *Toki erakundeekiko elkarlana.*

1. Foru Aldundia elkarlanean arituko da eskatzen duten Gipuzkoako udalekin, 2/2016 Legeak, apirilaren 7koak, Euskadiko Toki Erakundeei buruzkoak, arautzen dituen zuzentasun sistemak eta jokabide kodeak definitzeko eta itxuratzeko lanean, betiere bakoitzaren errealitate instituzional eta sozialarekin bat eta Foru Aldundiaren erakundearen zuzentasun sistemarekiko koherentziaren bidetik.

2. Era berean, nahi duten udalek, aplikagarria zaien araudiarekin bat organo eskudunak aurrez hartutako akordioaz, foru arau honetako 11. artikuluan aurreikusitako Berme Organoari atxiki ahal izango zaizkio.

14. *artikulua.* *Interes Taldeen Erregistroa.*

1. Foru Aldundiak Interes Taldeen Erregistroa sortuko du. Horren helburua honakoa da: beren kontura lanean ari diren eta beste hirugarren pertsona edo erakunde batzuen interesak babestearren Foru Aldundiaren eta beronen sektore publikoaren politika publikoen prestakuntza eta aplikazioan parte hartzen duten pertsona eta erakundeak zein plataforma, sare eta jarduera kolektiboorako beste modu batzuk inskribatzea eta kontrolatzea; izan ere, horiek nortasun juridikorik izan ez arren, eragin-iturri antolatua dira egiaz.

2. Erregistroaren aplikazio esparruak barnean hartzen ditu politika publikoak prestatzeko edo aplikatzeko prozesuetan eta erabakiak hartzekoetan zuzenean edo zeharka eragiteko asmoz zertutako jarduera guztiak, horiek erabilitako bide edo bitartekoa dena dela. Barnean hartuko ditu, halaber, agintari eta kargu publiko, batzarkide, funtzionario eta foru sektore publikoaren zerbitzuko langileekiko harremanak, arau proposamenen, ekintza juridikoen edo beste kontsulta batzuen gaineko kontsulta ofizialetan egindako ekarpenekin eta izandako borondatezko partaidetzarekin batera.

3. Interes Taldeen Erregistroak publikoa izango da, eta jasotzen dituen datuek eskuragarri egongo dira foru arau honek ezartzen duen gardentasun araubidearen bitartez; eta pertsona fisikoei zein taldeak ordezkatzen dituzten pertsonei dagokienez sexuka banaturik jasoko ditu datuak.

4. Artikulu honetan jasotzen diren aurreikuspenak foru dekretu baten bitartez garatuko dira.

III. TITULUA

Administrazio ona

I. KAPITULUA.
PLANGINTZA, EBALUAZIOA ETA KONTUAK EMATEA

15. *artikulua.* *Plangintza.*

1. Legegintzaldi bakoitzaren hasieran, Foru Aldundiak plan estrategikoa prestatuko du. Plan horrek gobernuaren jarduera gidatuko du legegintzaldian zehar, eta hark herritarrekin hartua duen erantzukizunezko konpromisoa eratuko du. Plan hori Foru Aldundiaren departamentu guzti-guztien eta foru sektore publikoko beste erakunde guztien lehentasunak bideratu eta horiek guztiak ildo beretik eraman behar dituen bide-orri estrategikoa izango da.

2. Plan estrategikoan zenbait alderdi identifikatuko dira, hala nola:

   a) Helburu estrategikoak, gobernuaren lehentasunezko jarduera-ildoak, horiei lotutako adierazleak eta ildo horiek gauzatzeko ardura izango duten organoak.
   b) Helburuei lotutako proiektu eta programa estrategikoak, gobernantza ereduarekin batera.
   c) Planaren gobernantza.
   d) Legegintzako programa.

3. Foru Gobernuaren plan estrategikoa Batzar Nagusietara igorriko da, planaren berri izan dezaten, eta Gipuzkoako Aldizkari Ofizialean eta Gipuzkoako Foru Aldundiaren gardentasun atarian argitaratuko da.

4. Aipatutako planaz gain, eta plana bera bultzatu, sendotu eta zabaltzeko xedez, honakoak prestatu ahal izango dira:

   a) Departamentuek bultzatutako planak, erakundearen lehentasun politikoekin lotutako lehentasunezko jardueratzat aurkeztuak eta herritarren beharrei erantzuten dietenak. Plan horiek, plan estrategikoan jasotako ildoak garatzeaz gain, horren parte izateke ere politika sektorialak garatzeko garrantzitsuak diren beste ildo batzuk jaso ahal izango dituzte.
   b) Gobernuaren konpromisoen ildotik aurrerapen kalifikatua ekar dezaketen beste jarduera esanguratsu eta askotariko batzuk (programak, inbertsio proiektuak eta abar).

5. Diputatuen Kontseiluak, legegintzaldi bakoitzaren hasieran, foru departamentuek prestatu beharreko plan eta bestelako jarduketen egutegia onartuko du. Egutegi hori urteka egokitu ahal izango da, eta plan berriak sartzeko aukera emango du.

6. Plan estrategikoak eta onartzen diren bestelako plan eta jarduketa adierazgarriek jarraipen dokumentu bat edukiko dute. Horretan, aurrerapen eta betetze mailak eta aldaketak -horrelakorik izan bada- zehaztuko dira, hobekuntzak sartzeko, bitartekoak birbideratzeko edo denbora-programazioa analisiaren emaitzen argitan egokitzeko. Edonola ere, plana herritarrei azalduko zaie, eta horien elkarrekintza ere ahalbidetuko da, planaren aurrerapen maila eta emaitzak etengabe argitaratuko baitira bai herritarrekin komunikatzeko dauden bideen bitartez bai gardentasun konpromisoaren ondoriozko publizitate aktiborako betebeharra betez.

7. Plan eta programa guztiek, plan estrategikoa barne, genero ikuspegia jasoko dute diseinu, kudeaketa eta ebaluazio prozesuan. Horrek eskatzen du datuak sexuaren arabera bereizita ematea, egoera aztertzean, genero etenari aurre egiteko helburuak eta ekintzak planifikatzean eta emaitzak ebaluatzean; emakumeek eta gizonek izan ditzaketen egoera desberdinak kontuan hartuta. Ikuspegi hori berori jasoko da erabakiak hartzeko erabiliko diren adierazle eta estatistika datuetan.

16. *artikulua.* *Ebaluazioa.*

1. Foru Aldundiak eta sektore publikoko beste erakundeek pixkanaka-pixkanaka ebaluazioa sartuko dute beren erabakitze prozesuetan, diseinutik beretik jasoz alegia, kontuak ematearen kultura bultzatzearren.

2. Foru Administrazioak politika publikoen zein plan, programa eta zerbitzu publikoen ebaluazioa bultzatuko du:

   a) Politika publikoen ebaluazioak politikei buruzko analisi estrategikoa eta politikak zabaltzeko alderdi operatiboen gaineko analisia bateratuko ditu, gizarte balioei lotutako irizpideak ere jasota.

   b) Bere aldetik planen ebaluazioak, maila operatiboan, helburuen eta bitartekoen arteko erlazioaren analisira joko du.

   c) Osterantzean, zerbitzu kalitatearen ebaluazioak zerbitzu prestazio mailak aztertuko ditu, herritarren igurikipenekiko, administrazioak bere gain hartutako konpromisoen betetze maila neurtzearekin batera. Eta hala badagokio, beharrezko zuzentze neurriak ezartzeko aukera ere aztertuko du.

3. Ebaluazioak, zenbait teknika erabiliz, informazio estatistiko, tekniko eta soziala biltzera joko du, emaitzak eta inpaktuak ebaluatu ahal izatearren. Hau da, diseinatutako estrategiaren egokitasuna ebaluatu beharko du, eta baita horrek errealitate aldakor batean moldatzeko eta egokitzeko duen gaitasuna, eraginkortasun eta efizientzia, kudeaketa eta jarraipen mekanismo guztien egokitzapena, eta plangintzaren eta gauzatze fasearen eragin guztiak ere (espezifikoak edo orokorrak, bilatuak zein bilatu gabeak, positiboak, negatiboak edo neutroak, zuzenak edo zeharkakoak).

4. Foru Aldundiak, foru dekretu bidez, artikulu honetan jasotako aurreikuspenak garatuko ditu, eta politika publikoen diseinuan, plangintzan eta foru zerbitzuetan ebaluazioa sartzea ahalbidetuko duten lehentasunak, irizpideak eta epeak finkatuko ditu.

5. Politika publikoak, plan eta zerbitzuen ebaluazioa egitean, emaitzak eta horien inpaktuak aztertuko dira emakumeek eta gizonek izan ditzaketen egoera desberdinak kontuan hartuta, eta, horretarako, sexuen arabera bereizitako datuak eta genero adierazleak aztertuko dira.

17. *artikulua.* *Kontuak ematea.*

1. Foru sektore publikoak, gizarteari kontuak emateko xedez:

   a) Informazio publikoa emango du egiten duen kudeaketari buruz, eta herritarrek informazioa eskuratzeko baldintzak hobetu eta eskuratze bera bermatuko du, informazio hori arlo publikoaren gaineko kontrol sozialean erabili ahal izan dadin.

b) Herritarrekin eztabaidatzeko guneak bultzatuko ditu, Foru Aldundiaren eta foru sektore publikoko erakundeen kudeaketaren inguruko ideia eta kritikak aditzera eman eta trukatu ahal izatearren.
c) Politika publikoak diseinatzeko eta gauzatzeko prozesuetan herritarren eskaerak jasoko ditu.

2. Kontuak emateko unean, Foru Aldundiak mekanismo nagusi hauek izango ditu:

a) Informazio publiko interaktibo eta gardena.
b) Kudeaketa eta plangintzaren eta eginaren emaitza eta inpaktuen ebaluazioa.
c) Partaidetza eta horri lotutako kontsulta prozesuak, horiei dagokien berariazko araudian aurreikusitako baldintzetan.

3. Kontuak emateari indar emango dio Foru Aldundiak, gaiak honakoak direnean:

a) Foru Gobernuaren plan estrategikoa eta urteko aurrekontua, kudeaketaren funtsezko tresnak baitira biok, Aldundiaren estrategiaren eta bitartekoei emandako xedeen isla.
b) Erakundearen Zuzentasun Sistemako Berme Organoa.
c) Departamentuetako programa sektorialak.
d) Ematen dituen zerbitzuak, kontuak zerbitzuen hartzaileen aurrean emanez, alderdi aktiboa baitira programak zabaltzeko eta hobetzeko unean (zerbitzu kartak).

4. Gainera, Foru Aldundiak plan estrategikoaren eta aurrekontuaren inguruko kontuak emango ditu, urtero, Batzar Nagusietan, horien aurrerapen, emaitza eta inpaktuei buruzko eztabaida sozial eta askotarikoa zabaltzearren.

5. Gizartearen aurrean kontuak emate horren gaineko epe ertainera begirako ikuspegia bultzatzearren, Foru Aldundiak zenbait adierazleri buruzko informazioa jasoko du bere web orrian, hain zuzen magnitude sinpleen bitartez lurraldearen egoera islatzearren, aurreko bost ekitaldiekiko bilakaera konparatiboarekin osatuta. Aipatutako adierazle horiek informazio ekonomiko eta finantzarioko datuak emango dituzte, lortutako gizarte ongizate mailako helburuei buruzkoak, eta egindako inbertsioei eta horiei buruzko ebaluazioari dagozkionak. Horiez guztiez gain, nazioarteko erakundeek onartutako beste adierazle batzuk jasoko dira, Gipuzkoako herritarren bizi-kalitatearen bilakaera analizatu ahal izateko, betiere adierazle horiek lurralde mailan eskuragarri badaude. Datuei dagokienez, sexuen arabera bereizita emango dira pertsonen datuak direnean eta, adierazleei dagokienez, genero adierazleak erantsiko dira.

6. Kontuak emateko prozesu guztiek genero ikuspegia hartuko dute aintzat. Prozesu horietan bultzatu egingo da emakumeak informazioa eskuratu ahal izatea eta eztabaida eta proposamen guneetara iristea.

18. artikulua. Planei eta horien ebaluaziori buruzko informazioa.

1. Plan onartuei eta horien jarraipen eta ebaluazioari zabalkundea emango zaie erakundearen interneteko atarian, eta horiek guztiak Foru Aldundiaren gardentasun atarian argitaratuko dira. Informazio hori guztia argia, sinplea, erraza eta pertsona guztiek ulertzeko modukoa izango da, foru arau honetako 44. artikuluan ezarritakoaren arabera.

2. Kontuak emateko unean, egun dauden komunikazio bideak erabiliko ditu Foru Aldundiak, informazio horrek hartzaile dituen sektoreetara egokituta. Erakundearen web orriaren bitartez ematen den informazioak herritarrekiko elkarrekintza aurreikusiko du. Horrenbestez, kontuak ematearekin batera herritarrei entzuteko prozesua garatuko da.

19. *artikulua. Plangintza eta ebaluazioko jakintza tekniko eta zientifikoa.*

1. Plangintza eta ebaluazio prozesuetan jaso egingo da aplika daitekeen jakintza zientifiko eta teknikoa, ebaluazioko emaitzek eta plangintzak oinarri dituen datuek lagundu dezaten pisu handiagoko eztabaida eta erabakitze prozesuak ahalbidetzen. Horiek ez dituzte, baina, gobernu-ekintza zein erabaki politikoak hartzeko prozesuak ordezkatuko.

2. Ebaluazio eta plangintza prozesuetan jakintza tekniko eta zientifikoa txertatzeko unean kontuan hartuko dira, beste irizpide batzuen artean, dauden teoria zientifiko eztabaidatuenen garrantzia, sinesgarritasuna, euskarri enpirikoa eta barne balio edo sendotasuna, teoria horiek gobernu politika proiektatuaren kasu zehatz eta testuinguru espezifikoan izan dezaketen aplikagarritasunarekin batera.

3. Foru sektore publikoak bere erakundearen gaitasun tekniko eta zientifikoak baliatuko ditu nagusiki, eta ahal denean baita Euskal Herrian dauden ikaskuntza eta ikerkuntza erakundeenak ere.

4. Era berean, eta dauden aurrekontu aukeren barnean, ikerkuntza sustatuko da, politika publikoak diseinatzeko erabakietara begira dauden aukera edo arrisku garrantzitsuak zehaztu ahal izatearren.

5. Jakintza tekniko eta zientifikoa era ulergarri eta egoki batez jasotzen dela ziurtatuko da, egiten dituen ekarpenak herritarrek parte hartzeko prozesuetara eta herritarrei kontsultatzeko prozesuetara hurbilduz.

6. Genero ikuspegia jakintza zientifiko eta tekniko adituan txertatuko da, eta erabakiak hartzeko prozesuetan egiten diren datu analisietan ikuspegi hori jasotzea bermatuko da, hain zuzen datuen ustiapenak aukera eman dezan emakumeek eta gizonek eskuhartze publikoaren esparruetan dituzten nahi, egoera, baldintza eta behar desberdinak ezagutzeko. Horrek eskatuko du, gutxienez, taldeak osatzean emakumeen eta gizonen kopurua orekatua izatea; helburuen, ikerketa hipotesien eta proiektuaren diseinuan izango duten inpaktuaren gaineko hausnarketa egitea; genero ikuspegia kontuan hartzea datuak eskuratu, aztertu eta interpretatzerakoan, baita emaitzetan eta inpaktuetan ere; eta emaitzen aurkezpenari eta zabalkundeari dagokionez, hizkuntzaren erabilera sexista baztertzea eta emakumeen ekarpenak eta genero espezifikotasunak ikusaraztea.

II. KAPITULUA.
KUDEAKETA AURRERATUA

20. *artikulua. Kudeaketa aurreratuaren eredua.*

1. Kudeaketa publikoaren eredua administrazio proaktiboa lortzera egongo da bideratuta, holako administrazioa izango baita:

a) Inpartzialtasunez eta profesionaltasunez diharduena.
b) Bere jardueren garapenean koherentea dena.
c) Epe ertain eta luzeko ikuspegi estrategikoz jokatzen duena.
d) Helburu eta konpromiso esplizitu eta ebaluagarriak dituena.
e) Sozialki erabilgarriak eta eraginkorrak diren emaitzak lortzera bideratua eta gizartearen aurrean kontuak ematen dituena.
f) Administrazio onerako beharrezko arintasun eta malgutasunez diharduena.
g) Zuzendaritza eta kudeaketa postuen aitzindaritza garatzen eta bultzatzen duena.
h) Enplegatu publikoen jarduna bultzatzen, partaidetza sustatzen, eta konpromiso eta erantzunkidetasuna indartzen dituena.
i) Kudeaketako elementu guztietan genero ikuspegia txertatzen duena, halako moduan ezen lortzen den hobekuntzak eragin positibo berberak izango baititu emakumeengan eta gizonengan.
j) Euskara izango duena zerbitzu, lan eta komunikazio hizkuntza.

2. Foru Aldundiak, epe ertain eta laburrean izango diren erronkei aurre egiteko eta Gipuzkoako gizartearen lehentasunezko beharrei erantzuteko gai izango den administrazioa izateko helburuarekin, berrikuntza ekonomiko eta sozialaren eragilea izan behar duen administrazioaren egitura organiko eta funtzionala definituko du.

3. Kudeaketa-eredua Foru Aldundian ezartzeko programa onartuko du Diputatuen Kontseiluak, horretako adierazleekin batera, gaiaren arabera eskumena esleitua duen departamentuak proposatuta. Urtero, ezarpen mailaren jarraipen txostena egingo du departamentu horrek, programaren ebaluazioarekin eta inpaktuaren balorazioarekin batera.

4. Foru sektore publikoa osatzen duten beste erakundeek kudeaketa aurreratu eta berritzailerako ereduak bereganatuko dituzte, beraien ezaugarrietara egokituta.

21. *artikulua.* *Herritarrekiko komunikazio interaktiboa.*

1. Foru Aldundiak definitu egingo ditu herritarrentzako arretarako duen sistemako elementuak, eta horien guztien kudeaketa orokorra eramango du, herritarren galdera eta eskaerei egoki erantzun ahal izatearren. Horrela, herritarren eskaerak leihatila bakarraren logikarekin jasoko dira, erakundeak onartuen artean erabiltzea erabakitzen duten bidea dena dela.

2. Sistemak, herritarrentzako arretako espezializazioa eta informazioaren eta zerbitzu publikoen irisgarritasun eta integrazioaren bideragarritasuna kontuan harturik, bi arreta maila ezarriko ditu:

a) Herritarrentzako arreta maila orokorra. Informazioa, orientazioa eta laguntza eskainiko ditu, Gipuzkoako Foru Aldundiaren eta beronen sektore publikoko edozein organoren zerbitzu publikoak tramitatzeko unean.
b) Herritarrentzako arreta maila espezializatua. Herritarrentzako arreta zerbitzu espezializatuek erakunde arduradun bakoitzaren eskumenen esparruko zerbitzu publiko espezifikoei buruzko informazioa eta tramitazioa eskainiko dituzte, betiere ezagutza maila espezializatua behar badute.

3. Herritarrentzako arretaren ardura duen unitateak departamentuekin koordinatuko ditu herritarrentzako arreta sistema ezartzeko beharrezko jarduketak, eta departamentuena berena izango da ematen duten eta koherentea izan behar duen informazioa egoki txertatzeko, aldatzeko, jarraitzeko eta eguneratzeko ardura.

4. Informazio eskaintza eta zerbitzu publikoak eskuratzeko aukera era presentzialean, telefonoz, internet bidez, sare sozialen bitartez edo teknologiak ahalbidetzen dituen beste bide batzuk erabiliz gauzatu ahal izango dira, indarrean dagoen legediaren esparruan betiere.

5. Gainera, herritarrekiko entzute aktiborako bideak zabalik mantentzearren, Foru Aldundiak norabide bikoitzeko komunikazioa bultzatzen duten eta herritarren interakziorako baliagarriak diren espazioak txertatuko ditu komunikazio digitalerako euskarri guztietan (web atari edo orriak, sare sozialak).

6. Komunikazio interaktiboko eta informazioko jardueretan kontuan hartuko da gizartearen aniztasuna; horretarako, genero ikuspegia jasoko da, hizkuntzaren erabilera sexista baztertuko da eta ez dira erabiliko genero estereotipoak errepikatzen dituzten irudiak.

III. KAPITULUA. BERRIKUNTZA ETA ERALDAKETA TEKNOLOGIKOAREN KUDEAKETA

22. *artikulua.* *Berrikuntza publiko eta soziala.*

1. Foru Aldundiak, berrikuntza sozialarekiko eta hori gobernantza eredu berrietan txertatzeko konpromisoa duela, esperimentazio aktiborako espazioak sortuko ditu lurraldeak aurre egin behar dien erronka eta arazo konplexuei dagokienez, gizartearekiko eta beronen agenteekiko era partekatu batean. Espazio horietan bermatu egingo da emakume eta gizonen presentzia orekatua izatea, erronka handiak erdigunean jartzen dituzten politika publiko berriak kolaborazioaren bidetik eraikitzearren konponbide integralei ekiteko unean.

2. Jakintza sortzea eta elkarrekin trukatzea gobernantza berriaren elementu estrategikoetakoa denez, Foru Aldundiak horren inguruko eztabaida publikoa sustatuko du, horren gaineko ezagutza adituarekin batera, unibertsitate eta ikerkuntza-zentro espezializatuekiko elkarlanean.

3. Era berean Foru Administrazioak berrikuntza publikoa bultzatuko du, bai herritarrentzako zerbitzuei dagokienez, hau da, herritarrengan eragin zuzena duten politika publikoak eta zerbitzuak sortzeko eta hobetzeko prozesuetan, bai barne prozesuetan, informazio eta datuen eta teknologiaren erabilera inteligente batez, gaitasunen erabilera egokiago batez, eta jakintza kolektiboa kudeaketa publikoan txertatzera begirako ikuspegi berri batez.

4. Berrikuntzaren kultura bere baitan txertatzen eta berrikuntza bere ohiko jardueraren parte bihurtzen duen erakundea sortzearren, Foru Aldundiak berrikuntzaren kudeaketari ekingo dio, sorkuntza-ideia berriak praktikara eramango diren gogoeta

eta proposamen esparruak sorraraziko dituzten ekimenen bitartez. Berrikuntzaren kultura berri honek emakumeen eta gizonen partaidetza orekatua izan behar du, bere proposamenetan genero ikuspegia kontuan hartzearekin batera.

23. *artikulua. Eraldaketa digitala.*

1. Foru Aldundiak plan batean jasoko du informazio eta komunikazioko teknologia berriak sartzeko bere estrategia. Estrategia horren helburuak honakoak izango dira: administrazioaren eraginkortasun eta efizientzia sinplifikatzea eta hobetzea; informazio eta datuen kudeaketa inteligente eta gardena; eta herritarrekiko harreman digitalerako eredua, diseinutik beretik haien ikuspegia jasotzen duena.

2. Foru Aldundiak erabili egingo ditu, bere zerbitzuetan txertaturik, herritarrei balioa eskaintzen dieten, erakundearen efizientzia areagotzen duten eta zerbitzu eta tramiteen elkarreragingarritasuna, segurtasuna eta irisgarritasuna bermatzen dituzten tresnak. Horien artean honakoak nabarmentzen dira:

a) Tramiteak eta zerbitzuak:

I. Tramitazio elektronikorako aplikazioak, tramitazio sinple, eraginkor eta efizientea eskaintzen dutenak segurtasuna, benetakotasuna, legezkotasuna eta irisgarritasuna bermatuta.
II. Espediente eta artxibo elektronikorako plataformak, osotasuna, benetakotasuna, segurtasuna eta irisgarritasuna bermatzen dituztenak.
III. Mugikortasuna: gailu mugikorren bitartez herritarrekin komunikatzea ahalbidetzen duten teknologien erabilera.
IV. Hodeia (Cloud), hodei-plataformak herritarrekiko elkarrekintza ahalbidetzeko, interakziorako espazio irisgarri eta seguruak eskainiz.

b) Datuak eta informazioa:

I. Gauzen interneta (IoT): Foru Administrazioaren ekipo, azpiegitura, bitarteko eta instalazioei lotutako elementu fisikoak sarean konektatzea ahalbidetzen duten teknologiak erabiltzea, balio publikoa ematen duten zerbitzu berriak garatzeko.
II. Datu-baseak, big data edo geolokalizazioa.

c) Komunikazioa:

I. Sare sozialak, gizartearekiko solas irekia finkatzeko.
II. Multimedia edukiak: eduki dinamikoak, erakargarriak eta erraz ulertzekoak erabiltzea, politika publikoak eta emaitzak modu interaktiboan komunikatzeko.

3. Foru Aldundiak teknologia berrietan eta ingurune digitaletan trebatuko ditu enplegatu publikoak, dituzten eginkizunak ingurune digitalera egokitzea ahalbidetzearren. Aldi berean, arrakala digitalaren kontra borrokatzeko jarduketak bultzatuko ditu, herritarren aukera berdintasuna bermatzearren, emakumeen eta gizonen arteko aukera berdintasuna barne harturik.

IV. TITULUA

Gobernu irekia: gardentasuna, datuak irekitzea eta informazioa eskuratzea

I. KAPITULUA. GARDENTASUNA ETA DATUAK IREKITZEA

1. ATALA. Xedapen orokorrak

24. artikulua. *Informazio ematearen alde ahalik eta zabalen jokatzeko printzipioa.*

Informazio publikoaren eta informazioa eskuratzearen arau orokorra gardentasuna izango da, eta salbuespena, informazioa ukatzea edo mugatzea. Salbuespen guztiak lege mailako xedapen bidez edo oinarrizko eskubideren baten babesaren bidez ezarri behar dira, eta aplikatzerakoan modu murriztailean interpretatu behar dira, dagokion informazioa salbatzearen edo eskuratzearen alde era zabalenean eginez. Horretarako, datu pertsonalen disoziazioa eta informazio partziala eskuratzeko aukera erabiliko dira, betiere, informazioa ematearen alde ahalik eta zabalen jokatzeko printzipioaren mesedetan.

25. artikulua. *Informazio publikoa eskatzen duten pertsonen eskubideak eta informazioa eskuratzen duten pertsonen betebeharrak.*

1. Informazio publikoa eskatzen duen pertsona ororen eskubideak honakoak dira:

    a) Foru arau honek ematen dizkion eskubideei buruzko informazioa jasotzea eta eskubide horien erabilera eraginkor eta zuzenerako aholkua hartzea.

    b) Eskatzen duen informazioa jasotzea, foru arau honek ezartzen dituen gehieneko epeen barnean.

    c) Eskatutako informazio publikoa aukeratutako forma edo formatuan jasotzea, egindako aukerak eskuragarri ez dagoen formatu bat behar duenean, materialki bideraezina denean edo neurriz gaineko kostua dakarrenean izan ezik; horrelako kasuetan, behar bezala arrazoiturik jakinaraziko zaio.

    d) Informazio osoa edo informazioaren parte bat ez emateko arrazoiak zein diren jakitea, informazioa berak eskatutako modu edo formatuan ez emateko arrazoiekin batera.

    e) Jasotako informazioa erabiltzea, aurretiazko jakinarazpen zein baimenik gabe, foru arau honetan eta aplikatzekoa den gainerako araudian aurreikusitako mugen barnean.

2. Informazio publikoa eskuratzen duten pertsonek honako betebehar hauek izango dituzte:

    a) Bere eskubidea fede onaren eta eskubide-abusua galarazteko printzipioen ildotik baliatzea eta, zehazki, informazioa eskuratze horretan zerbitzuen funtzionamenduaren eraginkortasunari ez eragiteko moduan jardutea, eskaerak ahalik eta zehatzen adieraziz.

    b) Jasotako informazioa berrerabiltzeari dagokionez legediak ezarritako betebeharrak errespetatzea.

    c) Hala dagokionean, kasuan kasuko ebazpenean informazioa eskuratzeari dagokionez aurreikusten diren baldintzak betetzea, informazio hori modalitate jakin batean edo artxibo edo dependentzia publiko jakin batean era presentzialean eskuratu behar denean.

26. artikulua. Informazioa kudeatzeko sistema.

1. Foru Aldundiak bere informazio aktiboen kudeaketa egokia bultzatuko du, aktiboen osotasuna bermatzeko, aktiboen erabilgarritasuna arautzeko eta aktiboen argitaratze irekia ahalbidetzeko, hain zuzen barne efizientzian, prozesuen eraginkortasunean eta balio publikoaren sorreran lagundu dezaten.

2. Foru Administrazioak informazio unitate bat izendatuko du informazioaren kudeaketa koordinatzeko. Zenbait arloren arteko lan sarea sortuko da, informazioaren kudeaketan arau eta prozedura komunak ezarri eta aplikatzeko, aktiboak analizatzeko sistema komunak sortu eta mantentzeko, eta informazioaren gainean kontrol, segurtasun, eguneratze eta kalitate prozesuak ezartzeko.

27. artikulua. Informazio publikoaren ezaugarriak.

Informazio publikoak ezaugarri hauek ditu:

a) Informazioa, eta batez ere formatu elektronikoan dagoena, kudeatzeko unean, datu edo dokumentu bakoitza bakarra izango da, partekatua, eskuragarria, egituratua eta deskribatua, erabiltzeko mugei buruzko informazioa jasoko du eta, hala dagokionean, geografikoki kokatuta egongo da.

b) Dokumentu edo datu-multzo bakoitza pertsonentzako erabilera libreko eta doako ohiko formatu irekietan argitaratuko da eta, osagarri gisa, erabilera orokorreko beste formatu batzuetan ere.

c) Gai bati berari buruz ematen diren eta erakunde, organo edo departamentu desberdinetatik datozen datuak, ahal bada, formatu berean argitaratuko dira.

d) Informazio publikoa deskribatu eta egituratzeko erabilitako hiztegi, eskema eta metadatuak web orrian argitaratuko dira, pertsonek beren bilaketetan erabili eta informazioa egoki interpretatu ahal izan dezaten.

e) Zenbaki-datu multzoak edukia ustiatzea eragozten duen murriztapenik gabeko moduan argitaratu edo jarriko dira erabilgarri.

f) Datuak eta metadatuak elkarreragingarriak izango dira, aplika daitekeen elkarreragingarritasunari buruzko arau teknikoaren arabera.

g) Datuak zabaltzeko unean iturri primarioak baliatuko dira. Datuak osoak izango dira, eta jaso edo bildu bezain pronto jarriko dira erabilgarri; horretaz gain, informazioa ikusgarriagoa izan dadin bistaratze tresna grafikoak erabili ahal izango dira.

h) Oro har, datuak argitaratzeko unean datuak irekitzeari dagokionez nazioarteko gomendioetan jasotako estandarrak erabiliko dira.

i) Datuak sexuen arabera bereizita aurkeztuko dira, baldin eta datu estatistikoak, galdeketenak edo politika publikoek gizon eta emakumeengan duten eragin desberdina ikusarazteko datu garrantzitsuak badira.

2. ATALA. Jarduera publikoaren gardentasuna

28. artikulua. Sektore publikoak publizitate aktiboaren arloan dituen betebeharrak.

1. 2. artikuluko 1 eta 2 zenbakietan zerrendatutako subjektuek, beren ekimenez eta doan, argitaratu egingo dute 30. artikulutik 35.era bitartekoetan zehazten den informazio

publikoa. Informazio hori gutxienekoa eta nahitaezkoa da. Osterantzean, publizitate arloan araubide zabalagoa aurreikus dezaten beste xedapen espezifiko batzuk ere aplikatu ahal izango dira.

2. Edonola ere, 30. artikulutik 35.era bitarteko artikuluetan zehazten den informazioak bereziki babestutako datuak dituenean, argitaratu ahal izango da bakarrik aurrez datu horiek anonimizatuko badira.

29. artikulua. Informazio publikoaren ondorio juridikoak.

Titulu honetan oinarrituta zabaltzen edo ematen den informazio publikoaren ondorio juridiko bakarra da foru arau honen eta aplikatzekoa den gainerako araudiaren berri emateko eta informazioa eskuratzeko eskubidea gauzatzeko betebeharrak betetzea.

30. artikulua. Erakundeari eta beronen antolaketa, plangintza eta ondareari buruzko informazioa.

1. Erakundeari eta antolamenduari buruzko ondorengo informazioa argitaratuko dute 2. artikuluko 1 eta 2 zenbakietan zerrendatutako subjektuek:

   a) Dituzten eginkizunak.

   b) Aplikatzen zaien araudia.

   c) Duten antolaketa-egitura, organo bakoitzeko arduradunak identifikatzen dituen eta bakoitzaren profil eta ibilbide profesionala deskribatzen duen organigrama gaurkotu batez.

   d) Organo horien egoitza, jendea hartzeko ordutegia eta harremanetarako bitartekoak.

   e) Langile kopurua departamentuka eta zuzendaritzaka berezitua: urteko guztirako lansariak, ordainsari-tarte, ordainsari-maila eta lanpostuen arabera; langile finkoen eta aldi baterako langileen ehunekoak; erantzukizunezko postuetan dagoen emakume ehunekoa; esleitutako hizkuntza eskakizunak eta eskakizun egiaztatuen ehunekoa; eta izendapen eta kargu gabetze libreko konfiantzako, aholkularitzako edo laguntzako kargu kopurua. Informazio hori sexuen arabera bereizita aurkeztuko da eta hiru hilean behin eguneratuko da, eta, betiere, Gipuzkoako Aldizkari Ofizialean argitaratu beharrekoak diren lanpostuak aldatzen, kentzen edo sortzen diren bakoitzean.

   f) Lan eskaintza publikoa edo langile beharrak eta hautapen prozesuak kudeatzeko antzeko beste tresnaren bat.

   g) Sindikatu-ordezkaritzako organoetan dauden erakunde sindikalak, sindikatu bakoitzak duen ordezkari kopurua, urtean erabilitako ordu kopurua eta horiei loturik liberazioek eragiten dituzten kostuak.

   h) Funtzionario, langile eta sindikatuekiko hitzarmen, akordio eta itunak.

   i) Langileei eragiten dieten bateragarritasuna baimentzeari edo onartzeari buruzko ebazpenak.

   j) Erasota laga nahi duten beste edozein datu.

2. Foru Aldundiak eta foru sektore publikoko entitateek argitaratu egingo dituzte, halaber:

a) Helburu zehatzak eta horiek lortzeko ekintzak, bitartekoak eta denbora aurreikusiak finkatzen diren urteko eta urte anitzeko plan eta programak, foru arau honen 15. artikuluan ezarritakoak. Horien betetze maila eta lortutako emaitzak aldizka ebaluatu eta argitaratu beharko dira, 16. artikuluko neurketa eta balorazio adierazleekin batera. Baita egindako partaidetza prozesuak eta horietan lortutako emaitzak ere, partaidetzari buruzko foru araudian xedatutakoaren arabera.
b) Erakundeek egindako publizitate eta komunikazio kanpainak, horien gastuak, esleipendunak eta betetze epea adierazita. Horietako bakoitzaren euskarria, hedabidea eta gastuaren xehetasunak argitaratuko dira.

3. Foru Aldundiak beste zenbait informazio ere argitaratuko ditu, hala nola:

a) Jabetzan dauzkan edo berak eskubide errealen bat duen higiezinen zerrenda. Horretan adierazi egingo du higiezin horiei zer erabilera ematen zaien edo zer zerbitzuk erabiltzen dituen, eta zer departamentu edo entitateari atxiki edo zer erakunderi laga zaizkion. Horretaz gain, ibilgailuei buruzko informazioa eta erakundeak bere titulartasunekoak dituen kultur ondasunen zerrenda argitaratuko dira.
b) Foru Aldundiak partaidetza duen erakunde publiko eta pribatuen oinarrizko datuen zerrenda, horien sorrerari buruzko akordioak, partaidetza motaren zehaztapena eta kasuan kasuko web orrialdeetarako esteka.
c) Kontsulta eta gizarte partaidetzarako organoak, horien jarduerak eta hartutako akordioak ere barne.
d) Interes Taldeen Erregistroa.

31. *artikulua. Foru kargu publikoei buruzko informazioa.*

1. 4/2011 Foru Arauak, abenduaren 19koak, Gipuzkoako Lurralde Historikoaren foru sektore publikoaren eremuan jardueren erregistroa eta ondasun eta interesen erregistroa arautzekoak, bere aplikazio esparruan hartzen dituen pertsonei dagokienez, ondoko informazioa argitaratuko da, gutxienez:

a) Pertsona horien identifikazioa eta profil eta ibilbide profesionala.
b) Urtean jasotzen dituzten soldatak edo era guztietako lansariak.
c) Beren kargua dela eta beste organo eta erakunde batzuetan dituzten karguak edo ordezkaritzak, eta baita bestelako kargu publikoak ere, halakorik baldin badute.
d) Egin beharreko jardueren bateragarritasunari buruz organo eskudunak emandako ebazpenak.
e) Abenduaren 19ko 4/2011 Foru Arauaren 8. artikuluaren indarrez Gipuzkoako Aldizkari Ofizialean argitaratu behar diren ondasun eta interes aitorpenei buruzko datuak; eta 15. artikuluaren indarrez Gipuzkoako Batzar Nagusietara igortzen den sei hilean behingo informazioa, jasotako aitorpen kopuru eta motei, aitorpen betebeharra bete ez duen kargudun kopuruari eta horien identifikazioari buruzkoa.
f) Foru gobernua osatzen dutenen eta goi kargudunen erakunde jardueraren agendak, kargu horietan dauden bitartean, gutxienez, publiko egongo direnak. Agenda aldez aurretik publiko egiterik ez dagoen kasuan, ondoren argitaratuko da, baldin

eta justifikatutako arrazoirik ez badago. Nolanahi ere, gobernuko kideen eta goi kargudunen erakunde jardueraren agendetan sartu beharko dira, aldez aurretik, lobbyekin edo lobbyetako kideekin egiten dituzten bilerak.

g) Egindako bidaia ofizialen zerrenda, horien xedea, destinoa, data, partaideak eta kostua adierazita.

2. Erakundearen Zuzentasun Sistemari buruzko informazioa, horretan bereziki aipatuta kargudun publikoen jokabide kodeak eta onartutako beste edozein kode; baita sistemaren Berme Organoari eta emandako ebazpenei buruzko informazioa ere. 2. artikuluko 1 eta 2 zenbakietan jasotzen diren gainerako entitateek ere argitaratuko dituzte zuzentasun sistema betez gauzatuko dituzten jarduerak.

32. *artikulua. Garrantzi juridikoa duen informazioa.*

Foru Aldundiak, bere eskumenen esparruan, honakoak argitaratuko ditu:

a) Gauzatze bidean diren arauak prestatzeko prozeduren zerrenda eguneratua, horien xedea, tramitazioaren egoera eta izapide egutegi aurreikusia adierazita.

b) Arauak prestatzeko espediente bakoitzari dagokionez eta 6/2005 Foru Arauak, uztailaren 12koak, Gipuzkoako Lurralde Historikoaren Erakunde Antolaketari, Gobernuari eta Administrazioari buruzkoak, xedatutakoarekin bat:

   I. Foru arau eta foru dekretuen aurreproiektuak prestatu aurretik egindako kontsulta publikoaren emaitza.

   II. Hasteko agindua edo ebazpena eta txosten erantsia.

   III. Foru arau aurreproiektuen eta izaera orokorreko xedapen proiektuen testua, entzunaldi edo jendaurreko informazioaren tramitera igarotzen direnean; eta tramite hori egiten ez bada, Gipuzkoako Lurralde Historikoko Lege Aholkularitzako Batzordearen irizpena eskatzen den unean; eta, eskatzen ez bada, onarpenaren unean.

   IV. Genero inpaktuari buruzko aurretiazko ebaluazioaren txostena.

   V. Aurrekontuaren gaineko eraginari buruzko txostena, hala badagokio.

   VI. arraitu den prozedurari buruzko amaierako txostena, horretan jasota tramiteetan zehar hartu diren alegazio, gomendio, ohar eta iradokizunen aipamena; eta bereziki aipatuko dira tramite horien edo zuzenketa tekniko edo formazkoen ondorioz arauaren testuan egindako aldaketak.

   VII. Lege Aholkularitzako Batzordearen irizpena, horrelakorik eman denean.

   VIII. Herritarren partaidetzarako prozesuaren memoria eta konklusioak, horrelakorik izan bada.

c) Onartutako araudiaren geroko ebaluazioari dagokionez, indarrean dagoen araudiari jarraikiz Gipuzkoako Batzar Nagusiei bidaltzen zaizkien txostenak.

d) Jarraibideak, instrukzioak, akordioak, zirkularrak edo partikularrek edo beste organo batzuek egindako kontsulten erantzunak, zuzenbidea interpretatzen badute edo ondorio juridikoak badituzte.

e) Indarrean dagoen legedi sektorialarekin bat, tramitazioan zehar jendaurreko informazio aldi bat igaro behar duten dokumentuak.

f) Diputatuen Kontseiluak onartutako akordio guztien laburpenak.

g) Kontsulta-organoek emandako nahitaezko txostenak, Kontratazio Alorreko Errekurtsoetarako Foru Auzitegiaren eta Auzitegi Ekonomiko- Administratiboaren ebazpenekin batera.

h) Ondorio publikoak dituzten ebazpen administratibo eta judizialak eta eragiten dieten behin betiko ebazpen judizialak.

i) Prozedura guztien katalogo eguneratua, euskarri fisikoan zein euskarri elektronikoan eskuragarri daudenena, administrazioaren isiltasuna aplikatzeko modua eta jar daitezkeen errekurtsoak ere barne.

j) Urteko araugintza plana.

k) Urteko txosten bat, aurkeztutako administrazio errekurtso eta administrazioareki-ko auzi errekurtsoei buruzkoa.

33. artikulua. Kontratazio, hitzarmen eta diru-laguntzei buruzko informazioa.

2. artikuluko 1 eta 2 zenbakietan zerrendatutako subjektuek ondoko informazio hau argitaratu beharko dute:

1. Bere kontratazio jarduerari dagokionez:

   a) Sektore publikoko kontratuen oinarrizko legedian araututako informazio guztia kontratatzailearen profilean argitaratzeko betebeharra. Gardentasun atariak profil horretara bidaliko du, dagokion lotura ezarriz.

   b) Kontratuen lagapenak eta azpikontratazioak, azpikontratatzailea identifikatuta.

   c) Amaierako txosten-laburpen ekonomikoa, obra eta zerbitzu emakidako kontratuen esleipen prezioa eta amaierako kostua adierazita, dagozkien aldaketak eta prezio berrikuspenak barne.

   d) Sektore publikoko kontratuen legedian aurreikusitako prozeduretako bakoitzaren bidez esleitutako kontratuen aurrekontu bolumenaren kopuruari eta ehunekoari buruzko datu estatistikoak, ezagutu ahal izateko kontratu modalitate bakoitzean kontratatzen diren ehunekoak eta azken lau urteetan sektore publikoarekin kontratatzen duten enpresetako bakoitzak jasotako ehunekoak.

   e) Kontratazio publikoko urteko plana, 180.000 euroko balio zenbatetsitik gorako kontratuenak, zerbitzuen eta horniduren kasuan, edo 2.000.000 eurotik gorakoenak, obren eta obra eta zerbitzu emakiden kasuan.

   f) Zerbitzuak emateko kontratuetan, enpresa esleipendunak publiko egin beharko ditu ondoko datuak, erabiltzaileek ezagutu ahal izan ditzaten:

      I. Kudeatzaileek zerbitzuaren kalitateari, zerbitzua jasotzeari eta zerbitzua emateko baldintzei dagokienez onartu eta bere gain hartutako obligazioak.

      II. Erabiltzaileen eskubideak eta betebeharrak.

      III. Kexak edo erreklamazioak egiteko prozedura.

2. Hitzarmenei eta kudeaketa mandatuei dagokienez:

   a) Izenpetutako hitzarmenen zerrenda, alderdi sinatzaileak, xedea, iraupen epea, egindako aldaketak, hitzartutako prestazioak eta hitzarmenak betetzeko subjektu obligaziodunak adierazita, hitzartutako obligazio ekonomikoekin batera hala dagokionean.

b) Izenpetutako kudeaketa mandatuen zerrenda, horien xedea, aurrekontua, betebehar ekonomikoen iraupena eta egiten diren azpikontratazioak adierazita, pertsona edo erakunde esleipendunak, esleipenerako segitutako prozedura eta horren zenbatekoa ere jasota.

c) Bitarteko propioei egindako enkarguak argitaratuko dira sektore publikoko kontratuen legediak xedatutakoaren arabera.

3. Diru-laguntzei dagokienez:

a) Emandako diru-laguntza eta laguntzak, horien zenbatekoa, xedea, helburua eta pertsona onuradunak adierazita. Norgehiagoka libreko diru-laguntzetan, ebazpenaren aurretiko txosten teknikoa jendaurrean azalduko da.

b) 1/1987 Legeak, martxoaren 27koak, Lurralde Historikoetako Batzar Nagusietarako Hauteskundeei buruzkoak, 11. artikuluan aipatzen dituen hauteskunde gastuak finantzatzearren alderdi politiko edo hautesle federazio, koalizio edo elkarteei emandako diru-laguntzak, emandako zenbatekoari buruzko azalpena emanez artikulu horretan aurreikusten diren baldintzetan.

c) Diru-laguntza plan estrategikoak eta horietako aldaketak.

34. artikulua. Ekonomia, finantza, aurrekontu eta estatistika informazioa.

1. 2. artikuluko 1 eta 2 zenbakietan zerrendatutako subjektuek jendaurrean azaldu beharko dute ondorio ekonomikoak edo aurrekontu mailakoak dituen ondoko informazioa:

a) Aurrekontuak, aurrekontuko partida nagusiak deskribaturik eta informazio eguneratu eta ulergarria emanez gauzatze egoerari eta ekitaldian zehar onartutako aurrekontuko aldaketei buruz, azken hauen gauzatze mailari buruzko hiruhileko informazioarekin batera.

b) Eman behar diren urteko kontuak, eta kontu horien gainean kanpo kontrolerako organoek egiten dituzten kontu auditoretzari eta fiskalizazioari buruzko txostenak.

2. Foru Aldundiak beste zenbait informazio ere argitaratuko ditu, hala nola:

2.1. Aurrekontuei buruzko informazioa:

a) Diputatuen Kontseiluak onartutako urteko kontua.

b) Aurrekontu egonkortasunari eta finantza jasangarritasunaren helburuak betetzeari buruzko informazioa.

c) Aurrekontuen genero eraginaren ebaluazioa.

2.2. Gastuei, sarrerei eta ordainketei buruzko informazioa:

a) Foru sektore publikoaren finantzaketari buruzko oinarrizko informazioa, dauden finantzaketa tresnak adierazita.

b) Zerga sarrerak: zerga itunduei buruzko zerga informazioa, batez ere bide horretatik jasotako zerga sarrerei eta zerga bakoitzaren ehunekoari buruzkoa, azken urteotan sarrerek izandako bilakaerarekin batera.
c) Zerga autonomia.
d) Programa garrantzitsuetako gastuei buruzko informazioa.
e) Gastu publikoa eta inbertsioa, biztanleko.
f) Hornitzaileei ordaintzeko epea eta berankortasunari buruzko txostenak.
g) Zerga itunduen bitarteko udal finantzaketaren bidetik urtean Gipuzkoako udalerriei esleitutako zenbatekoen banakako zerrenda.
h) Gastuaren efizientzia edota eraginkortasun adierazleak.

2.3. Zorpetzeari buruzko informazioa:

a) Gipuzkoako Foru Aldundiaren zorpetzea, horrek denborak izandako bilakaerarekin, epeekin eta oinarrizko ezaugarriekin, biztanleko zorpetzea eta zorpetze erlatiboa ere adierazita; horiez guztiez gain, baita bere merkataritza-sozietateei baimendutako zorpetze eragiketak ere.
b) 4/2007 Foru Arauak, martxoaren 27koak, Gipuzkoako Lurralde Historikoko Finantza eta Aurrekontu Araubidearenak, 108. artikuluan eta hurrengoetan jasotzen duenarekin bat, Gipuzkoako Foru Aldundiak emandako abalak.

2.4. Foru Aldundiak ematen dituen zerbitzu publikoen kostu eta etekinei buruzko azterlan edo analisiak.

2.5. Zerga estatistikak eta finantza eta zerga jardueren alorreko estatistikak.

3. Ekonomia, finantza eta aurrekontuei buruzko informazioa, ahal den neurrian, sexuka bereizirik jasoko ditu datuak.

35. *artikulua. Herritarrekiko harremanei buruzko informazioa.*

1. 2. artikuluko 1 eta 2 zenbakietan zerrendatutako subjektuek urteko memoria egingo dute hartu eta tramitatutako eskaera, kexa eta iradokizunei buruz, akatsak konpontzeko eta zerbitzuak hobetzeko hartutako neurriak ere jasoz bertan.

2. Foru Aldundiak beste zenbait informazio ere argitaratuko ditu; horietako gaiak honakoak izango dira:

a) Zerbitzu kartak.
b) Herritarren partaidetzari buruzko foru araudiak aurreikusten dituen baldintzetan abiatuta, martxan eta amaituta dauden partaidetza prozesuak, eta bereziki prozesu horien emaitza eta egindako proposamenen inguruan hartutako akordioak jasotzen dituzten txostenak; eta partaidetza jarduerari buruzko urteko txostena, genero ikuspegia txertatuta.
c) Partaidetza prozesuen ebaluazioak eta herritarren partaidetzarako sistemaren ebaluazio orokorrak, berariazko foru araudiak ezarriak.
d) Zerbitzu emateei aplika dakizkiekeen tasak, tarifak edo prezioak.

e) Herritarrek zerbitzu emateekiko adierazten duten gogobetetasunari buruzko inkestak, non eta horrelakoak ez diren beste bitarteko batzuen bidez argitaratzen.

f) Eskumenekoak dituen zerbitzu publikoen betetze maila eta kalitatea balioesteko beharrezko estatistika informazioa, genero ikuspegia barnean jasota.

g) Departamentu bakoitzak herritarrei emandako zerbitzuen katalogoa.

h) Publizitate aktiboari buruzko informazioa, hots, eskuratzea maizena eskatzen den publizitate aktiboari buruzkoa, horrek izan ditzakeen datu pertsonalak aurrez kenduta, informaziorako sarrera ukatzen edo mugatzen duten ebazpenekin batera, betiere horiek interesdunei jakinarazi ondoren.

i) Gardentasunaren eta informazioa eskuratzearen inguruko obligazioen betetze mailari buruzko urteko txostena.

36. artikulua. Gardentasunari eta informazio publikoa eskuratzeari buruzko Foru Arauari dagokion publizitate aktiboa.

1. Urte naturaleko lehen hiruhilekoan, Gipuzkoako Foru Aldundian gardentasun arloko koordinazioaren eginkizuna dagokion departamentuak txostena egingo du, foru arau honek aurreko urte naturalean zehar izan duen betetze mailari buruz.

2. Txosten horrek, gutxienez, alderdi hauek jasoko ditu:

   a) Gipuzkoako Foru Aldundiko departamentu bakoitzak eta 2. artikuluko 1 eta 2 zenbakietan zerrendatutako gainerako subjektuek publizitate aktiborako betebeharrei dagokienez lortutako betetze maila. Txostenak informazioaren balorazio kuantitatiboa eta kualitatiboa jasoko ditu, honako hauek balioetsiz: argitalpena bera, informazioaren edukia (hau da, informazioaren ezaugarriak) eta argitaratzeko erabiltzen den web euskarria.

   b) Gardentasun atarian kontsulta gehien jasotako edukiak.

   c) 2. artikuluko 1 eta 2 zenbakietan zerrendatutako subjektuen aurrean informazio publikoa eskuratzeko eskubidea baliatzeari dagokionez: aurkeztutako eskaera kopurua; erabakitako eskaera kopurua; erabakitzeko batez besteko epea; erabat, partzialki edo hirugarren pertsonen aurkaritzarekin baietsitako eskaera kopurua; ezetsi edo ez onartutako eskaera kopurua; neurri batean edo hirugarren pertsonen aurkaritzarekin baiesteko, ezesteko eta ez onartzeko arrazoiak; gehien eskatutako informazioa; eta pertsona eskatzailearen profila (adin tartea, sexua, eta eskaeran erabilitako hizkuntza). Foru Aldundiak departamentuka aurkeztuko du informazio hori.

   d) Aurreko apartatuan aurreikusitako ondorioetarako, Foru Aldundiko departamentuek eta 2. artikuluko 1 eta 2 zenbakietan zerrendatutako gainerako subjektuek gardentasunaren arloko koordinazioaren eginkizuna duen departamentuari bidali beharko diote honek txostena egiteko eskatzen dien informazioa, betiere urteko lehen bi hilabeteen barnean.

3. Prestatzen den txostena Diputatuen Kontseiluari aurkeztuko zaio. Ondoren, Gipuzkoako Batzar Nagusietara bidaliko da. Txostena tramitatu ondoren, gardentasun atarian argitaratuko da, Batzar Nagusiek bidalitako komunikazioarekin batera.

37. *artikulua.* ***Betebehar berriak eta publizitate aktiboaren historikoa.***

1. Diputatuen Kontseiluak arau bidez zabalagotu ahal izango ditu kapitulu honetan jasotzen diren publizitate aktiborako betebeharrak, eta erregelamendu bidez garatuko ditu informazioa gardentasun atarian sartzeko, mantentzeko eta kentzeko denborak. Oro har, informazioa bost urtez egongo da egoera aktiboan. Denbora hori igarota, hurrengo apartatuan aipatzen den historikoaren parte bihurtuko da. Kargu publikoak izan dituzten pertsonei buruzko informazioa hiru hilabetez egongo da, 4/2011 Foru Arauak, abenduaren 19koak, Gipuzkoako Lurralde Historikoaren foru sektore publikoaren eremuan jardueren erregistroa eta ondasun eta interesen erregistroa arautzekoak, jasotzen dituen betebeharrak betetzen direnetik kontatzen hasita.

2. 44. artikuluan araututako gardentasun atariak hamar urtez mantenduko du argitaratzen den eta egungoa izateari uzten dion informazioaren historikoa.

3. ATALA. Datu irekiak

38. *artikulua.* ***Datuak irekitzea eta berrerabiltzea.***

1. Foru sektore publikoak, eskura duen informazioa irekitzeko, formatu berrerabilgarriak eta elkarreragingarriak lehenetsiko ditu, bai erabilera publiko-sozialerako bai pribatu-komertzialerako, hain zuzen gardentasuna areagotzeko, herritarrek jarduera publikoaren gaineko ezagutza eta kontrol handiagoa izan dezaten ahalbidetzeko eta, aldi berean, ezagutzaren kolaborazio ekonomia sorrarazteko. Datuak argitaratzen direnean errespetatu egingo dira 27. artikuluan deskribatutako ezaugarriak.

2. Barnean izango dira foru liburutegi, museo eta artxiboetako dokumentuak, erakunde horiek, dokumentuen sortzaile gisa, jabetza intelektualeko eskubideen jatorrizko titularrak direnean, edo eskubideen titulartasuna eskualdatu zaielako horien titularrak direnean, betiere lagapenaren baldintzak errespetaturik eta jabetza intelektualari buruzko legediak xedatuarekin bat.

3. Zerbitzu emakiden bitartez zerbitzu publikoen kudeaketa esleituta duten enpresek dauzkaten datuak ere barnean izango dira.

4. Foru arau hau ez zaie aplikatuko zerga administrazioari eragiten dioten dokumentuei edo datu pertsonalen babesari buruzko araudiak babestuei, norbaiten jabetzakoak diren edo interes legitimoa duten subjektuen dokumentuei, jabetza intelektualeko edo komertzialeko eskubideak dagozkien dokumentuei eta ezargarria zaion araudian xedatutakoa batez beste batzuei.

5. Datu pertsonalak dauzkan informazioa berrerabiltzeko jarraitu egin beharko da datu pertsonalak babesteari buruzko araudiak xedatua. Oro har, beharrezko anonimizazio prozesuak erabiliko dira, modurik izan ez dadin alegia eskaintzen den informazioa pertsona identifikatu edo identifikagarri batekin lotzeko.

6. Datuak progresiboki irekiko dira, administrazioak dituen giza baliabideen eta materialen arabera, eta inpaktu eta erabilgarritasun handienekoei zein herritarrek gehien eskatzen dituztenei emango zaie lehentasuna.

39. artikulua. Datuak berrerabiltzearen araubide administratiboa.

1. Printzipioz, datuak irekiak eta doakoak izango dira eta, horrekiko koherentziaren bidetik joz, erabiltzen diren lizentziak irekiak izango dira, ez esklusiboak, ez dute baimen beharrik izango, murriztapen txikienak izango dituzte, eta nazioarteko parametroen araberakoak izango dira. Dena den, datuak berrerabiltzeko aurretiazko lizentzia bat eskuratu beharra ezarri ahal izango da, erregelamendu bidez.

2. Era berean, datuak berrerabiltzeko eskaera egin ahal izango da, 48. artikuluan aurreikusten den tramitazio prozedurari jarraikiz.

3. Informazioaren berrerabiltze horretara jotzen duten pertsonek edo agenteek beren ardurapean eta beren kontura erabiliko dute informazioa, eta horiei egokituko zaie, ez beste inori, erabilera horretatik ondoriozta daitezkeen kalteengatik hirugarrenen aurrean erantzutea. Foru Aldundiak ez du ardurarik izango informazioa berrerabiltzen duten pertsonek edo agenteek informazio horri ematen dioten erabileraren gainean, ezta informazio berrerabili horren erabilerak eragiten dituen edo eragin ditzakeen kalte materialen, datuen gaineko kalteen edo galera ekonomikoen kasuan ere.

4. Eskaera ezesten bada hirugarrenen jabetza intelektualaren kasuetan oinarrituta, haien titularra den pertsonaren aipamena jasoko da, pertsona ezaguna baldin bada. Betebehar horretatik salbuetsita egongo dira bibliotekak, museoak eta artxiboak.

40. artikulua. Datu irekietarako plana eta datu inbentarioa.

1. Datu irekiei eta informazioa berrerabiltzeari buruzko politika plan batean jaso ahal izango da. Horretan lehentasunak, datuak irekitzeko mekanismoak eta tresnak ezarriko dira, eta baita politika horren ezarpenari buruzko ebaluazioa ere. Plan edo programa horrek datuen jasangarritasun ekonomikoa bermatuko du, eta herritarrek eta sektore ekonomikoak datuak berrerabiltzea sustatzeko politikak jasoko ditu halaber.

2. Datu irekietarako partaidetza bidezko politika zabaldu ahal izatearren, Foru Aldundiak jendaurrean azalduko du eskura duen datu multzoa, horrela ahalbidetzearren herritarrek datuak irekitzeko proiektuak proposatzea. Gainera, proposamenak eta ekarpenak egiteko espazio bat edukiko dute herritarrek gardentasun atarian.

41. artikulua. Administrazio arteko lankidetza.

1. Foru Aldundia Gipuzkoako toki erakundeekiko elkarlanean arituko da informazioa zabaltzeko eta berrerabiltzeko unean, eta toki erakunde horiek gardentasun atarian datu-sisteman parte hartu ahal izatea ahalbidetuko du.

2. Foru Aldundiak Open data Euskadi plataformarekin federatuko du bere sistema, alde batetik open data ekimen publikoak modu efiziente batez baliatzeko eta, bestetik, informazio publikoaren erabiltzaile diren pertsona fisiko edo juridikoek informazioa produktu edo zerbitzu berriak garatzeko berrerabil dezaten ahalbidetzeko.

4. ATALA. Administrazioaren antolamendua

42. artikulua. Gardentasuneko eta datu informazioko departamentu unitateak.

1. Foru Aldundiaren esparruan, departamentu bakoitzaren barnean idazkaritza teknikoak, edo egitura organiko eta funtzionalari buruzko dagokion dekretuak eskumena ematen dion administrazio unitateak, ondoko eginkizunak izango ditu publizitate aktiboari eta informazio publikoa eskuratzeko eskubideari dagokienez:

   a) Publizitate aktiboa behar duen informazioa biltzea eta gardentasun atariaren bitartez zabaltzea.
   b) Informazioa eskuratzeko eskaerak tramitatzea eta ebazpen proposamena prestatzea.
   c) Eskaera egiten duen pertsonak informazioa egiaz eskuratu ahal izateko beharrezko barne tramiteak egitea.
   d) Foru arau hau bere departamentuaren barnean betetzeari buruzko informazioa prestatzea, 36. artikuluan aurreikusten den urteko txostenera begira.
   e) Eta, oro har, departamentuaren barnean gardentasuna bultzatzea.

2. Departamentuko gainerako zerbitzuek ahalik eta laguntzarik handiena eskainiko diote lehen aipatutako idazkaritza teknikoari edo administrazio unitateari. Zerbitzu bakoitzaren ardura izango da berak duen informazio publikoa, bai publizitate aktiboa behar duena bai informazioa eskuratzeko eskaera baten xede dena, idazkaritza teknikoari edo administrazio unitateari edo, hala dagokionean, informazioa eskatu duen pertsonari berari zuzenean ematea.

3. Foru Aldundiaren unitate eta zerbitzu guztiek, informazioa dutenez, beren gain izango dute bitarteko publikoz sortutako informazioa jendaurrean jartzeko ardura. Informazio hori datu ireki gisa eskainiko dute, foru arau honetan adierazten diren baldintza eta ezaugarriekin.

4. Osterantzean, foru sektore publikoko erakundeek beren erakundeen barnean izendatuko dituzte informazio unitateak, foru arau honen ondorioetarako, eta 43. artikuluko koordinazio zereginak betetzen dituenari jakinaraziko diote izendapen hori.

43. artikulua. Departamentu arteko koordinazioa.

1. Departamentu arteko koordinazioa, gardentasun, datu eta informazioa eskuratzeko eskubidea baliatzeari dagokienez, gai honen inguruko eskumena duen departamentuari dagokio.

2. Eginkizun hauek izango ditu:

   a) Gardentasuneko eta informazioko departamentu unitateak koordinatzea.
   b) Gardentasunari buruzko urteko txostena prestatzeko lan teknikoa.
   c) Araudia behar bezala aplikatzeko zirkularrak prestatzea.
   d) Datu ataria kudeatzea.
   e) Argitaratu beharreko datuak departamentuetako unitateekin batera identifikatzea eta informazio berrerabilgarriaren inbentarioa egitea.

f) Hala dagokionean, datu irekien plana eta horren ebaluazioa prestatzea.

g) Informaziorako eta datuak irekitzeko eskaerak eta herritarrentzako arretarakoak kudeatzea.

h) Koordinazio onerako beharrezko iritzitako beste edozein eginkizun.

3. Gardentasunaren ardura duten idazkaritza teknikoetako edo administrazio unitateetako titularrak elkartu egingo dira, publizitate aktiboaren eta informazio publikoa eskuratzearen arloan egindako eta egiteko jardueren bateratze lan, balorazio eta koordinaziorako, gardentasuna ezartzera begira irizpide homogeneoak finkatzeko eta 36. artikuluak jasotzen duen urteko txostena aztertzeko.

4. Informazioa duten zerbitzuetako titularrek solasguneak eta datuak irekitzeko jarduerak koordinatzeko espazioak edukiko dituzte, gai honen inguruko eskumena duen sailak bultzatuta.

44. artikulua. Gardentasun ataria.

1. Foru Aldundiko gardentasun ataria telekomunikazio sare publikoen bitartez erabil daitekeen helbide elektronikoa da. Horren titulartasuna, kudeaketa eta administrazioa Foru Aldundiari dagozkio, eta duen informazio publikoa jendearen eskura jartzea du helburu, bai foru arau honen arabera publizitate aktiboa eman behar zaion informazioa denean, dela informazioaren sorburutik beretik dela 2. artikuluko 1 eta 2 zenbakietan zerrendatutako subjektuen Interneteko orrietarako esteka bitartez, bai interesgarri iritzitako beste orrialde batzuk direnean. Gainera, atari horretan herritarren eskura jarriko da datu katalogoa, berrerabili ahal izateko moduko formatu irekiak baliatuta.

2. Atariak ez du egoitza elektroniko baten izaera juridikorik ez teknikorik izango, bai ordea sarbide unibertsala, teknologiaren neutraltasuna, elkarreragingarritasuna, informazio argitaratuaren kalitate eta berrerabiltzea eta horren identifikazio eta kokapena bermatu ahal izateko ezaugarri eta mekanismo egokiak.

3. Atariko edukietarako lehenbiziko sarrera euskarazko orrira bideratuko da beti; horretan, gaztelaniazko orrirako esteka egongo da, beste hizkuntza batzuetan daudekeen orrietarakoa bezalaxe.

4. Erabiltzen den hizkerak ikusgarri egingo ditu bai emakumeak bai gizonak, eta informazioaren edukietan eta, hala badagokio, eduki horiekin batera diren irudietan bermatu egingo da tratamendu orekatu, berdintasunezko, askotariko eta ez estereotipatua, emakumeek bizitzako arlo sozial, politiko, ekonomiko eta kulturalean duten presentzia egoki islatzearren.

5. Gardentasun atarira Gipuzkoako atari instituzionaletik iritsi ahal izango da.

6. Gardentasun atariak Gipuzkoako udalen gardentasun atarietarako estekak eduki ahal izango ditu, eta aplikagarri zaien araudiak ezartzen dituen publizitate aktiborako betebeharrak dituzten lurralde historikoko beste subjektu eta erakundeen atarietarako estekak halaber.

7. Gainera, Foru Aldundiak neurri osagarriak eta beste administrazio publiko batzuekin edo beste entitate batzuekin lankidetzan aritzeko neurriak hartu ahal izango ditu, publizitate aktiboari dagokionez dituen obligazioak betetzeko.

II. KAPITULUA.
INFORMAZIO PUBLIKOA ESKURATZEKO ESKUBIDEA

45. *artikulua.* *Informazio publikoa eskuratzeko eskubidea baliatzea.*

1. Pertsona guztiek informazio publikoa eskuratzeko eskubidea baliatu ahal izango dute, 2. artikuluko 1 eta 2 zenbakietan zerrendatutako subjektuen aurrean. Eskubide hori erabiltzeko unean zein horretarako prozeduran jarraitu egingo dira bai foru arau honetan jasotako aurreikuspenak bai aplikagarria den legediak xedatua.

2. Eskubidea baliatzeko ez dago eskaera zertan arrazoitu, ez pertsona interesduna zertan izan, ezta beste inolako eskubide edo interes zilegirik zertan egokitu.

3. Informazioa eskuratzeko eskubidea gauzatzeko prozedurak eskakizun formal txikienak izango ditu, eta erraz eta bizkor garatzeko eta erabakitzeko modukoa izango da.

46. *artikulua.* *Informazio publikoa eskuratzeko eskubidea baliatzeko mugak.*

1. Informazio publikoa eskuratzeko eskubidea mugatu edo ukatu egingo da oinarrizko legedian ezarritako baldintzetan.

2. Muga horiek era murriztaile batez interpretatuko dira, mugak babesten duen ondasun juridiko edo interesari informazio eskuratze horrek eragin liezaiokeen kaltea baloratuta (kaltea haztatzeko testa); eta, osagarri gisa, haztatu egingo da informazio eskuratze horretarako ba ote den muga justifikatzen duen interes edo ondasunaren gainetiko interes publikorik (interesak haztatzeko testa).

3. Edonola ere, informazioa eskuratzeko eskubideari ezarritako mugak bakar-bakarrik legeek zehazten duten denboran zehar aplikatu ahal izango dira, edo justifikatzen dituen arrazoiak dirauen bitartean.

4. Artikulu hau aplikaturik ematen diren ebazpenek amaiera emango diote prozedurari, eta ebazpen horiei publizitatea emango zaie, betiere dituzketen datu pertsonalak bereizita, pertsona interesdunei zuzendutako jakinarazpenaren ondotik.

47. *artikulua.* *Eskuratze partziala.*

Eskatutako informazioak aurreko artikuluan aurreikusitako mugaren bat izanez gero, entitateak eskuratze partziala onartu ahal izango du muga hori daukan informazioa isilean gorde ondoren, non eta zentzurik gabeko informazio bat gelditzen ez den; eta adierazi beharko da zein zati gorde den isilean.

48. *artikulua.* *Eskuratze prozedura.*

1. Eskaera egiteko ahozko edo idatzizko edozein bitarteko erabili ahal izango da. Eskaera ahoz egiten bada edo aurrez aurre egiten bada, herritarren arretarako bulegoetan egin beharko da. Eskaera aurrez aurre egiten bada, formatu elektronikoan jasoko da eta kopia bat emango zaio eskatzaileari; eskaera telefono bidez egiten bada, eskaera kodearen erreferentzia emango zaio.

2. Informazioa eta datu irekiak eskuratzeko eskaeretan informazio hau jasoko da:

   a) Eskatzailearen nortasuna.
   b) Eskuratu nahi den informazioa.
   c) Formatua edo informazioa jasotzeko modua.
   d) Harremanetarako helbidea, ahal delarik elektronikoa.

3. Eskaeran ez badira datu horiek behar bezala ematen, edo eskatutako informazioa ez bada behar beste identifikatzen, hamar eguneko epea emango zaio eskatzaileari informazio hori zuzentzeko edo osatzeko, eta, hala egin ezean, eskaeran atzera egin duela ulertuko da, ebazpena eman ondoren.

4. Eskaeran adierazi egingo da publikoa edo itxia den, hau da, eskatzaileak baimenik ematen duen egiten duen kontsulta hori, datuak bereizi ondoren betiere, gardentasun atarian informazio gisa argitara dadin. Era berean, eskaeran eskatzailearen sexua adieraziko da, estatistika xedeetarako.

5. Eskaerak behar bezala identifikatutako hirugarren pertsona batzuen eskubide eta interesei dagokien informazioari buruzkoak baldin badira, unitate izapidetzaileak ahozko edo idatzizko entzunaldia emango die hirugarren horiei, egoki deritzotena alegatu dezaten; horretarako, hamabost eguneko epea emango zaie. Eskatzaileari aditzera eman beharko zaio zirkunstantzia hori, adieraziz era berean erabakitzeko epea etenik dagoela ukituen alegazioak jaso arte edo horiek aurkezteko epea igaro arte.

6. Foru Aldundiaren esparruan, eskatutako informazioa daukan departamentuko idazkaritza teknikoak tramitatuko du eskaera, edo egitura organiko eta funtzionalari buruzko dagokion foru dekretuan eginkizun hori atxiki zaion administrazio unitateak bestela. Informazioa departamentu bat baino gehiagoren esku baldin badago, informazioaren zati nagusia prestatu duen departamentuaren idazkaritza tekniko edo administrazio unitateari egokituko zaio tramitazioa.

7. Eskaera zuzenean aurkezten bada Foru Aldundiaz besteko foru sektore publikoko erakundeen aurrean edo foru arau honek behartzen dituen beste subjektu batzuen aurrean, erakunde edo subjektu horiek dagokion Foru Aldundiaren departamentuari igorriko diote eskaera, erregistratzeko eta erabakitzeko, eskatutako informazioarekin batera beren esku baldin badago.

8. Tramitazio lanean ari den idazkaritza tekniko edo administrazio unitatetik jasotzen dituzten eskaeretan ahalik eta gehien lagundu eta horiei lehentasun gorena emango diete departamentuetako zerbitzuek.

9. Zerbitzu publikoak ematen dituzten edo ahalmen administratiboak baliatzen dituzten pertsona fisiko edo juridikoen esku dagoen informazioa denean, horiek lotzen zaizkion departamentuko idazkaritza tekniko edo administrazio unitateak tramitatuko ditu eskaerak.

10. 2. artikuluko 1 eta 2 zenbakietan zerrendatutako subjektuei zuzendutako informazioa eskuratzeko eskaerak bide elektronikotik aurkeztu ahal izateko, dagokion bitartekoa gaituko da bai gardentasun atarian bai Foru Aldundiaren kontsulta eta kexa sisteman, edo ezartzen den, eskubide hori baliatzea ahalbidetzen duen eta egoitza elektronikoan argitaratzen den beste edozeinetan. Aipatu atari horretan eskaera-eredu normalizatua egongo da, eskubide hori baliatzea ahalbidetzearren.

49. artikulua. Eskaerak ez onartzea eta aplikagarriak diren arauak.

1. Eskaerak ez onartzeko erabakia arrazoitu egin beharko da, eta ondorengo kausaren bat gertatzen denean bakarrik erabakiko da:

   a) Prestatzen ari den edo jendaurrean jartzekoa den dokumentazioari buruzkoa izatea. Kasu horretan, eskaera ez onartzeko ebazpenean zehaztu beharko da zein organo ari den informazioa prestatzen, noiz amaituko duen, nola argitaratuko den edo zein lekutan egongo den eskuragarri.

   b) Dokumentazio osagarriari edo laguntzaileari buruzkoa izatea, eta garrantzia juridikorik edo interes publikorik ez izatea. Nahitaezko txostenek ez dute dokumentazio osagarri edo laguntzaileen izaera izango; ez eta azken erabaki bat arrazoitzeko eransten diren hautazko txostenek ere.

   c) Informazioak birlanketa konplexua behar izatea, zabaldu ahal izateko. Eskatutako informazioa erabilera arrunteko tratamendu informatizatuaren bidez lor badaiteke, ez da informazioaren birlanketatzat hartuko.

   d) Eskaera zuzentzea informazioa ez daukan edo zein entitatek izan dezakeen ez dakien organo bati.

   e) Eskaera argi eta garbi errepikakorra izatea edo gardentasun helburuak arrazoitzen ez duen neurriz gaineko izaera izatea, edota eskaeraren xedeari dagokionez gehiegizko kostuak izatea.

2. Nolanahi ere, ez onartzeko arrazoiak modu murriztailean interpretatuko dira, informazioa ematearen alde ahalik eta zabalen jokatzeko printzipioa aplikatuz.

50. artikulua. Ebazpena.

1. Eskaera ebazteko eskumena diputatu nagusiarena edo eskaera tramitatu duen departamentuko foru diputatuarena izango da, 48. artikuluan aurreikusiarekin bat.

2. Foru Aldundiak eskaera guztiei erantzun, horiek epe barruan ebatzi eta interesdunei jakinaraziko dizkie.

3. Jasotzen denetik gehienez 20 eguneko epearen barnean jakinarazi beharko da eskaerari buruzko ebazpena. Epe hori beste hogei eguneko epe batez luzatu ahal izango da, eska-

tutako informazioaren bolumen edo konplexutasunagatik. Kasu horretan, eskatzaileari lehen bost egunetan zehar eman beharko zaio aditzera epearen luzapena, horretarako arrazoiarekin batera. Eskaera aurkeztu eta 20 egun igarota berariazko ebazpenik eman ez bada, ezetsia izan dela ulertuko da.

4. Ematen den informazioa foru arau honen aplikazio eremutik kanpoko administrazio edo erakunde batek prestatu edo sortu badu neurri batean, ebazpenean aipatu egingo da zertzelada hori, informazioaren jatorrizko iturria edo iturriak adieraztearekin batera.

5. Oro har, baiespenezko ebazpenaren jakinarazpenarekin batera informazio eskatua joango da, edo informazio hori berehala eskuratzeko modua, non eta tartean ez den informazioa eskuratzea berandutzen duen legezko aurreikuspenen bat, edo informazioaren edo informazioa eskuratzeko modu edo formatuaren ezaugarriek berehalakotasun hori eragozten ez duten. Informazioa berehala eskuratzen ez bada, ebazpenak berariaz jasoko du noiz eta nola gauzatuko den eskuratze hori, betiere 10 eguneko epearen barnean.

6. Datuak berrerabiltzea ezesteko erabakia hirugarrenen jabetza intelektualarekin lotutako balizkoetan oinarrituta dagoenean, datuen titularraren aipamena jasoko da, pertsona ezaguna baldin bada. Betebehar horretatik salbuetsita egongo dira bibliotekak, museoak eta artxiboak.

7. Ematen den ebazpenari hautazko erreklamazioa jarri ahal izango zaio foru arau honetan aurreikusten den Gardentasun arloko Erreklamazio Batzordean, hilabeteko epean, eta, hala dagokionean, baita kasuan kasuko administrazioarekiko auzi-errekurtsoa ere.

51. *artikulua. Informazio publikoa eskuratzea gauzatzea.*

1. Oro har, eskatutako informazio publikoa eskatzaileak aukeratutako modu eta formatuan emango da eta, horrela ez bada, bide elektronikoa erabiliko da nagusiki, posible den guztietan. Kopia formatu elektronikoan bidaltzen bada, bermatu beharko da interesdunak informazio hori tratatzeko eta berrerabiltzeko aukera izatea.

2. Hala eta guztiz ere, eskatzaileak adierazitako modu eta formatuez bestelako batzuetan emango da informazioa, ondoko kasuotan:

   a) Informazioa dagoeneko argitaratuta dagoenean eta erraz eskuratzeko modukoa denean, horrelakoetan informazioa eskuratzeko modua adieraztera mugatu ahal izango baita ebazpena.
   b) Informazioa in situ eskuratzeak jatorrizko euskarria galtzea edo hondatzea ekar dezakeenean.
   c) Kopia aukeratutako formatuan egitea ezinezkoa denean horretarako behar diren ekipo teknikoak falta direlako.
   d) Informazioa eskuratzeko aukeratutako modalitateak jabetza intelektualaren eskubideari eragin diezaiokeenean.
   e) Altxor publikoarentzat errazago eta merkeago denean.

3. Informazioa eskuratzea doan izango da. Dena den, informazioa kopia bidez edo jatorrikoaz besteko formatu batera pasatuz eskuratzen bada, horien kostu erreala gaindituko ez duen kantitate bat ordaintzea eskatu ahal izango da, Tasa eta Prezio Publikoei buruzko Foru Arauan ezarriarekin bat.

4. 44. artikuluan araututako gardentasun atarian jendaurrean jarriko da aplika daitezkeen tasa eta prezioen zerrenda.

III. KAPITULUA. GARDENTASUN BERMEAK ETA ZEHAPEN ARAUBIDEA

1. ATALA. Gardentasunaren bermeak

52. *artikulua. Gardentasunaren arloko Erreklamazio Batzordea.*

1. Gardentasunaren arloko Erreklamazio Batzordea sortuko da. Kide anitzeko organoa izango da, independentea eta autonomia funtzionalez hornitua, eta informazio aktiborako betebeharraren eta informazio publikoa eskuratzeko eskubidea baliatzearen inguruan herritarrek egiten dituzten erreklamazioak aztertuko ditu.

2. Gardentasunaren arloko Erreklamazio Batzordearen eginkizunak honakoak izango dira:

   a) Informazio publikoa eskuratzeko eskubidearen ezeste berariazko edo ustezkoa dela eta aurkeztutako erreklamazioak ebaztea.
   b) Goi kargudunek eta langile asimilatuek publizitate aktiboaren arloan egindako ez-betetze posibleei buruzko salaketak aztertzea.
   c) Espedienteak abia ditzatela eskatzea, foru arau honetan aurreikusten diren gardentasun betebeharrak bete ez direlako zantzu sinesgarriak, horretarako egindako txostenaren bidez egiaztatuak, daudenean.
   d) Bere jardueraren urteko txostena prestatzea, foru arau honetako 36. artikuluan jasotzen den txostenean txertatzeko.

3. Gardentasunaren arloko Erreklamazio Batzordea gaiagatik eskuduna den departamentuari atxikiko zaio, aurrekontu ondorioetarako eta bitarteko materialetara begira.

4. Gardentasunaren arloko Erreklamazio Batzordeak hiru kide izango ditu, Foru Aldundiko karrerako funtzionarioak; gutxienez horietatik bik A Taldekoak izan behar dute, lanpostura sartu ahal izateko Zuzenbideko lizentziatura edo unibertsitate-gradua eskatu zaienak. Batzordeko eginkizunetan aritzeak ez du arduraldi esklusiborik eragingo. Beraz, eginkizun horiek eta lanpostukoak txandakatuko dituzte batzordekideek.

5. Gardentasunaren arloko Erreklamazio Batzordeko kideak Foru Aldundiak izendatuko ditu, lau urterako. Batzordearen osaketa Gardentasun Atarian argitaratuko da. Izendapen horretan kontuan hartuko da gizonen eta emakumeen presentzia orekatua, hau da, sexu bakoitza, gutxienez, % 40an ordezkatuta egongo da, 4/2005 Legeak, otsailaren 18koak, Emakumeen eta Gizonen Berdintasunerakoak, xedatutakoaren arabera.

6. Foru Aldundiak, foru dekretu baten bitartez, garatu egingo ditu artikulu honetan jasotzen diren aurreikuspenak, eta aipatu organoaren antolaketa, prozedura eta funtzionamendu arauak zehaztuko ditu.

53. *artikulua.* *Gardentasun bermeak.*

1. Erantzukizun publikoa duten pertsonek bete egin behar dituzte publizitate aktiboari eta informazio publikoa eskuratzeko eskubideari lotutako obligazioak, arau honetan eta aplikagarria den beste edozein legeditan ezarriarekin bat.

2. Herritarrek Gardentasunaren arloko Erreklamazio Batzordeari salatu ahal izango dizkiote publizitate aktiboari eta informazio publikoa eskuratzeko eskubideari lotutako obligazioen ez-betetzeak, eta Batzordeak, salaketaren irismena aztertu ondoren, kasuan kasuko obligazioak betetzea eskatu ahal izango dio organo eskudunari.

3. Foru kargudunek edo asimilatuek ez badituzte betetzen errekerimendu edo eskaera horiek edota arrazoitu gabe onartzen ez badituzte edo ukatzen badituzte, lege eskakizunak ez betetzeagatiko espedientea abiatzea eskatuko dio Gardentasunaren arloko Erreklamazio Batzordeak organo eskudunari, foru arau honetan aurreikusten diren baldintzetan.

2. ATALA. Zehapen araubidea

54. *artikulua.* *Erantzuleak.*

Atal honetan aurreikusten diren arau-hausteen erantzuleak goi kargudunak edo asimilatuak izango dira.

55. *artikulua.* *Goi kargudunei eta asimilatuei egotzi dakizkiekeen arau-hausteen araubidea.*

1. Aurreko artikuluan zerrendatutako pertsonei egotz daitezkeen arau-hauste oso larriak honakoak dira:

   a) Publizitate aktiborako betebeharrak ez betetzea, Gardentasunaren arloko Erreklamazio Batzordeak berariaz egindako errekerimenduari hirutan baino gehiagotan erantzun ez zaionean bi urteko epean.

   b) Hirutan baino gehiagotan ez betetzea, bi urteko epean, informazioa eskuratzeari dagokionez aurkeztu zaizkion erreklamazioei buruz Gardentasunaren arloko Erreklamazio Batzordeak emandako ebazpenak.

2. Arau-hauste larriak honakoak dira:

   a) Urtean bitan baino gehiagotan ez betetzea foru arau honek ezartzen duen publizitate aktiboko informazioa argitaratzeko obligazioa.

   b) Bi urteko epean bitan ez betetzea informazioa eskuratzeari dagokionez Gardentasunaren arloko Erreklamazio Batzordeak emandako ebazpenak.

c) Informazioa emateko unean ez betetzea informazio publikoaren egiazkotasun printzipiotik eta foru arau honetan ezarriarekin bat ondorioztatzen diren eskakizunak.
d) Urtean bitan baino gehiagotan ukatzea, eta justifikaziorik gabe, Gardentasunaren arloko Erreklamazio Batzordeari aurkezten zaizkion erreklamazioen tramitazioko eginbeharrekotarako eskatutako laguntza.
e) Urtean bitan baino gehiagotan ez betetzea, justifikaziorik gabe, informazio publikoa eskuratzeko eskaera epe barruan ebazteko obligazioa.

3. Arau-hauste arinak honakoak dira:

a) Arau honetan ezarritako obligazioak ez betetzea, arau-hauste larri edo oso larritzat jotzen ez direnean.
b) Ez betetzea, justifikaziorik gabe, informazio publikoa eskuratzeko eskaera epe barruan ebazteko obligazioa.

56. artikulua. Goi kargudunei eta langile asimilatuei ezar dakizkiekeen zehapenak.

1. Aurreko artikuluan aurreikusitako arau-hauste arinak ohartarazpenez edo 200 eta 1.000 euro bitarteko isunaz zehatuko dira.

2. Arau-hauste larriak ez-betetzeari buruzko adierazpena Gipuzkoako Aldizkari Ofizialean argitaratuz edo 1.001 eta 6.000 euro bitarteko isunaz zehatuko dira.

3. Goi kargudunei eta zuzendaritzako langileei egotz dakizkiekeen arau-hauste oso larriak ez-betetzeari buruzko adierazpena Gipuzkoako Aldizkari Ofizialean argitaratuz, edo 6.001 eta 12.000 euro bitarteko isunaz zehatuko dira.

57. artikulua. Zehapen prozedura.

1. Zehapen prozedura abiarazteko organo eskuduna gaiaren araberako departamentuko diputatua izango da.

2. Espedientearen instrukzioaz arduratuko den administrazio unitateak esleituta izango du eskumen hori egitura organiko eta funtzionala ezartzen duen foru dekretuan.

3. Edonola ere prozedura ofizioz abiatuko da, organo eskudunaren erabaki baten bitartez bai bere ekimenez, bai Gardentasunaren arloko Erreklamazio Batzordeak eskaturik, beste organo batzuek egin eskaera arrazoituaren bitartez, edo partikular batek jarritako salaketagatik.

4. Gardentasunaren arloko Erreklamazio Batzordeak, arlo honetan ez-betetzeak gertatu direla egiaztatu eta horiek kapitulu honetan aurreikusitako arau-hausteen artean egon daitezkeela iritziz gero, espedientean jasotako informazio guztia organo eskudunari emango dio, prozedura abiaraztearren. Gardentasunaren arloko Erreklamazio Batzordeak prozedura abiatzea eskatzen duenean, organo eskudunak hasiera eman beharko dio prozedurari, gehienez hamabost eguneko epean, eta horren emaitza ere aditzera eman.

5. Ebazteko organo eskudunak edozein unetan hartu ahal izango ditu ondoren eman daitekeen ebazpenaren eraginkortasuna ziurtatzeko behin-behineko beharrezko neurriak, akordio arrazoitu baten bitartez betiere.

58. artikulua. *Zehatzeko eskumena.*

1. Arau-hausteak goi kargudunei egotz dakizkiekeenean, arau-hauslea atxikita dagoen departamentuko titularrak baliatuko du zehatzeko ahala, zehapen arin eta larriak direnean; zehapen oso larrien kasuan, Diputatuen Kontseiluak baliatuko du zehatzeko ahal hori.

2. Gipuzkoako sektore publikoko beste erakundeetako zuzendaritzako kargudunak direnean, hau da, langile asimilatuak, zehatzeko ahalaren titulartasuna entitatea atxikitako departamentuko buruari dagokio.

59. artikulua. *Zehapenen publizitatea.*

Foru arau honetan aurreikusten diren arau-hauste oso larri eta larriengatik ezartzen diren zehapenak gardentasun atarian, egoitza elektronikoan edo dagokion web orrian argitaratuko dira, zenbait kasutan Gipuzkoako Lurralde Historikoaren Aldizkari Ofizialean ere argitaratu beharko direla, eta Foru Aldundian gardentasunaren arloan eskumena duen zuzendaritza-organoak egiten duen urteko ebaluazio txostenean erasota utzi ahal izango dira.

V. TITULUA

Foru Arauaren ebaluazioa

60. artikulua. Foru arauaren ebaluazioa.

1. Foru Aldundiak bost urtean behin ebaluatuko ditu foru arau honek gobernu onaren aurrerapen eta hobekuntzan dituen emaitzak eta eraginak, bertan jasotzen diren kontzeptu guztiei dagokienez.

2. Ebaluazioa partaidetzaren bidez egingo da 16. artikuluan jasotzen den lankidetza zientifiko eta teknikoarekin. Araua era objektiboan ebaluatua izan dadin, Diputatuen Kontseiluak definituko ditu foru arau honi darizkion gobernu onaren adierazleak. Adierazleetan nahiz ebaluazioan genero ikuspegia txertatuko da, foru arau honen 16. artikuluan xedatutakoaren arabera.

3. Diputatuen Kontseiluak onartu eta gero, ebaluazio txostena Batzar Nagusietara eramango da, bertan eztabaidatzearren.

Lehen xedapen gehigarria. Batzar Nagusiak.

Batzar Nagusiek bere erregelamenduan arautuko dute nola ezarriko dituzten foru arau honetako IV. tituluan eta 19/2013 Legeak, abenduaren 9koak, gardentasunari, informazio publikoa eskuratzeko bideari eta gobernu onari buruzkoak, I. tituluan aurreikusitako publizitate aktiborako betebeharren eta informazio publikoa eskuratzeko eskubideen inguruko xedapenak.

Bigarren xedapen gehigarria. Berme Organoa.

Foru arau honek 11. artikuluan aurreikusten duen Erakundearen Zuzentasun Sistemaren Berme Organoa Gipuzkoako Lurralde Historikoko foru sektore publikoko Erakundearen Etika Batzordea izango da, 3/2016 Foru Dekretuak, martxoaren 1ekoak, edo hori ordezkatuko duen araudiak araututakoa.

Hirugarren xedapen gehigarria. Interes Taldeen Erregistroa.

Foru Aldundiak urtebeteko epean onartuko du foru arau honetako 14. artikuluan aipatzen den Interes Taldeen Erregistroa arautuko duen foru dekretua.

Laugarren xedapen gehigarria. Enplegatu publikoak.

Foru arau honek enplegatu publikoen inguruan eta foru merkataritza sozietateetako edo izaera bereko fundazioetako enplegatuen inguruan xedatutakoak ez du eragozten Enplegatu Publikoaren Estatutuaren Legearen Testu Bateginak 52. artikulutik 54.era bitartean xedatutakoa aplikagarri izatea, hala badagokio.

Xedapen indargabetzaile bakarra.

Indarrik gabe geratzen dira foru arau honetan ezarritakoarekin bat ez datozen edo kontraesanean dauden maila bereko edo txikiagoko xedapen guztiak. Indargabetuta geratzen dira, berariaz, honako hauek: 4/2014 Foru Araua, otsailaren 6koa, gardentasunari eta informazio publikoa eskuratzeari buruzkoa, eta 3/2007 Foru Arauak, martxoaren 27koak, Gipuzkoako Lurralde Historikoko diru laguntzei buruzkoak, 17. artikuluko bigarren paragrafoko c atalean xedatutakoa.

Amaierako lehen xedapena. Xedapenak emateko ahalmena.

Ahalmen ematen zaio Diputatuen Kontseiluari foru arau hau garatzeko eta gauzatzeko beharrezkoak diren xedapenak onar ditzan.

Amaierako bigarren xedapena. Indarrean jartzea.

Foru arau hau Gipuzkoako Aldizkari Ofizialean argitaratu, eta hurrengo egunean jarriko da indarrean.

Publicación:

Diputación Foral de Gipuzkoa
Departamento de Gobernanza y Comunicación con la Sociedad
Dirección general de Modernización, Servicios y Sistemas para la Sociedad de la Información

Plaza Gipuzkoa s/n. 20004 Donostia
Teléfono 943 113 960
modernizazioa@gipuzkoa.eus

D.L.: SS-554-2019 • ISBN: 978-84-7907-807-2

NORMA FORAL DE BUEN GOBIERNO EN EL MARCO DE LA GOBERNANZA PÚBLICA FORAL

Índice

La Norma Foral de Buen Gobierno en el marco de la Gobernanza pública de la Diputación Foral de Gipuzkoa se enmarca en un contexto de cambio y transición. Es fruto de una profunda reflexión en torno a algunos de los principios que caracterizan la buena gobernanza como son la apertura, la participación, la responsabilidad, la eficacia, la coherencia o la integridad. Dicha Norma Foral tiene como objetivo principal adaptar y redirigir la realidad política y administrativa a las necesidades y expectativas de la sociedad guipuzcoana.

Una transformación que viene precedida por una sociedad cada vez más exigente, y que reclama a quienes gobernamos un cambio en la forma de pensar, de actuar, de relacionarnos con la ciudadanía y de gestionar los bienes públicos. Ante esta realidad, desde la Institución foral mostramos nuestra voluntad y compromiso para desarrollar capacidades de aprendizaje en cuanto a la mejora de la gestión y realizar los cambios necesarios para que las políticas públicas que ponemos en marcha sean susceptibles de superar la evaluación periódica a la que son sometidas. Con este paso, por tanto, la Diputación Foral de Gipuzkoa asume la responsabilidad de trabajar intensamente para transformar de manera irreversible los mecanismos y procedimientos correspondientes, con el fin de adaptarlos al contexto actual y prepararlos para los escenarios de futuro.

Ante la creciente demanda de transparencia, la Administración debe de abrir cauces para proporcionarla en lo relativo a la forma de actuar y a los criterios de decisión. Solo a través de una rigurosa rendición de cuentas avanzaremos hacia la buena gobernanza. Tampoco podemos obviar que estamos ante la era de las nuevas tecnologías, lo que implica apostar por una Administración inteligente basada en la continua innovación en la prestación de servicios públicos. Para ello, resulta imprescindible abordar tanto la dimensión externa como la interna de la Administración: tan importante como modernizar la manera de relacionarse con la ciudadanía es ocuparse del funcionamiento y organización de la propia Institución. Y para conseguir este doble objetivo la administración electrónica es un aliado, ya que proporciona herramientas útiles para la simplificación de trámites.

En definitiva, la presente Norma Foral es una pieza clave más en la apuesta decidida de esta Diputación foral por un nuevo modelo de gobernanza colaborativa, que busca incidir desde una visión integral y adaptar así la Institución a la Gipuzkoa de hoy y sentar las bases para la de mañana. La mejora de la gobernabilidad de las instituciones vendrá también de la mano del Buen Gobierno. Promover los valores propios y experimentar con nuevos adquiridos permitirá un proceso de modernización permanente en la gestión pública, conjugando modelos de integridad institucional y gobernanza abierta, que afianzarán la eficacia, la confianza y la sostenibilidad económica.

Markel Olano Arrese
Diputado General de Gipuzkoa

PREÁMBULO

I

La buena gobernanza ha permitido a los países mantener o mejorar sus índices de percepción de bienestar, incluso durante la crisis económica. Los resultados atestiguan que no solo la gente está más satisfecha con sus vidas en los países con mejor gobernanza, sino que mejoras en la gobernanza han producido cambios significativos en la calidad de vida de las personas en los países donde se han acometido.

Esa idea de buena gobernanza, exigencia de la sociedad de Gipuzkoa, y que asume como propia la Diputación Foral, se traduce en una forma diferente de gobernar, que resitúa el concepto de gobierno, lo hace más horizontal más cooperativo, que se vuelca especialmente en tejer compromisos y relaciones con la sociedad civil, haciendo a ésta participe del impulso, diseño, ejecución y evaluación de las políticas públicas con el objetivo de que lo sea en la resolución de los asuntos de interés común y profundizar en la democracia participativa.

Las herramientas, procedimientos e instrumentos de los que se dota la buena gobernanza están en constante evolución y revela esta disciplina como una de las áreas de mayor innovación práctica, que exige una continua adaptación a las nuevas necesidades y ser conscientes de los nuevos retos que se nos avecinan. Existe la necesidad de que la Administración recupere una capacidad estratégica para poder afrontar los retos de futuro de la sociedad y su configuración democrática, implicando a la sociedad para afrontar juntos la co-gestión de dichos retos y compromisos de futuro, reconociendo la pluralidad de los actores sociales con posibilidad de intervenir en dicha gestión e implicando interdependencia entre ellos, induciendo su cooperación y participación en la adopción de decisiones públicas y en la asunción de responsabilidades.

La presente norma foral pretende consolidar la implantación de ese nuevo modelo de relación de la Administración con la ciudadanía basada en la integridad, la buena gestión, la rendición de cuentas, la transparencia y el reconocimiento a la ciudadanía de su derecho a acceder a la información que es propiedad de la ciudadanía y orientada siempre hacia el establecimiento del buen gobierno como cauce de profundización democrática.

II

La Diputación Foral ya fue pionera en contar con sendas normas forales de transparencia y acceso a la información y de participación, así como con la norma para la igualdad de mujeres y hombres, que hicieron que el Gobierno Foral diera pasos firmes en el concepto de gobierno abierto y en el impulso a la participación paritaria de mujeres y hombres.

Hoy, una apuesta por una nueva gobernanza pública obliga a profundizar el modelo de gestión de lo público y orientarlo hacia el buen gobierno. Concepto de buen gobierno que incluye elementos exógenos de la gobernanza, tales como la integridad y la transparencia además de aquellos endógenos dirigidos a contar con una buena administración, eficaz y equitativa, una administración innovadora alineada con los procesos de transformación y cambio de una sociedad compleja cuyas necesidades debe satisfacer.

En coherencia con ello la presente norma foral regula el modelo de gobierno foral en el marco de la gobernanza pública foral y sustentado en tres pilares fundamentales: a) integridad institucional; b) buena administración; y c) transparencia y derecho al acceso a la información pública como parte sustancial del gobierno abierto.

Queda excluida de esta norma foral, por razones de tradición normativa y especificidad de la materia, una parte sustancial del buen gobierno: la participación ciudadana, dado que es objeto de normativa específica. Por ello, toda referencia contenida en la presente norma foral es remitida a la normativa de participación ciudadana.

Además, la presente norma foral incorpora con carácter transversal el enfoque de género dirigido a fortalecer la posición social, económica y política de las mujeres, en aras a garantizar la igualdad de mujeres y hombres en todos los ámbitos de la vida y profundizar en la democracia participativa, de conformidad con lo señalado en los artículos 36 y 37 de la Norma Foral 2/2015, de 9 de marzo, para la igualdad de mujeres y hombres.

La integridad institucional como aspecto sustantivo y valor esencial del buen gobierno exige una actuación ejemplar en el ejercicio de las funciones públicas por parte tanto de la personas con responsabilidad política como por los empleadas y empleados públicos, y las entidades o personas que participen en la prestación de servicios forales. La integridad debe ser seña de identidad, de seriedad, buen hacer y trabajo en red que han de caracterizar el complejo institucional guipuzcoano en un entorno de globalización y competitividad. Por ello, crear una infraestructura ética de la Administración Foral, por medio del impulso de una política que no sea un mero cumplimiento de la legalidad, sino que dé pasos decididos hacia la construcción y efectividad de un marco de integridad institucional, es relevante para la recuperación de la confianza de la ciudadanía en sus instituciones. Ello, junto con la implantación y el desarrollo de buenas prácticas en la gestión pública, mejorará el rendimiento de la Administración en beneficio de los servicios que requiere la ciudadanía.

El modelo contenido en esta norma foral sigue las pautas establecidas por la Organización para la Cooperación y el Desarrollo Económico (OCDE) que ya desde el siglo XX viene impulsando la creación de marcos de integridad para su gestión en diferentes contextos organizativos, procesos de mejora continua que crean un espacio permanente de aprendizaje, que tiene un carácter preventivo del mismo y cuyo objetivo principal es la promoción de la cultura de la integridad.

La buena administración toma como punto de partida el derecho que asiste a todas la personas a la buena administración, recogido en el artículo 41 de la Carta de los Derechos Fundamentales de la Unión Europea y quiere hacerlo extensivo a la Administración Foral y a su sector público.

Una buena administración, a efectos de esta norma foral, es aquella que a través de un modelo de gestión avanzada y mediante el uso de instrumentos de gestión, tales como la planificación y evaluación, responde de forma eficiente y equitativa a las necesidades de las personas e instituciones que sean destinatarias de sus servicios, con garantía de todos sus derechos, incluidos los lingüísticos, y en relación constante con la sociedad a la que rinde cuentas. De ese modo, la rendición de cuentas de la actividad pública, por la que todos los responsables políticos y personal empleado público se obligan a explicar e informar a la

ciudadania sobre las políticas y acciones desarrolladas y las decisiones adoptadas, sometiéndose así a la auditoría social, se erige en parte de la esencia del sistema democrático y refuerzo de la credibilidad y confianza de la ciudadanía en sus instituciones.

En el contexto de una sociedad innovadora, la renovación inteligente de la Administración, centrada en los desafíos que se plantean en la actualidad y se vislumbran en un futuro, hace que la gobernanza sea también un trabajo de conocimiento e innovación constante. Lo que implica un cambio radical de nuestras rutinas y obliga a abordar la transformación digital de la administración y a la incorporación del conocimiento técnico y científico en los procesos administrativos, planificadores y evaluadores para crear valor social, y facilitar procesos de deliberación y decisión más consistentes.

El buen gobierno foral es, además, un gobierno transparente desde sus inicios y para ello ha de trabajar de forma abierta, desarrollando una comunicación activa y comprensible por el público en general, así como incorporar la participación y la co-creación de las políticas y servicios públicos. Es innegable que la Diputación Foral y resto de entidades del sector público foral han avanzado en su apertura y colaboración, especialmente, tras la aprobación de la Norma Foral 1/2010, de 8 de julio, sobre participación ciudadana y la Norma Foral 4/2014, de 6 de febrero, de transparencia y acceso a la información pública, y por ello esta norma foral se fundamenta en el principio de que la información y los datos son propiedad de la ciudadanía y, por lo tanto, subraya la obligación de las administraciones de hacerlos públicos, salvo los protegidos por ley, y sienta nuevas bases para avanzar en una transparencia efectiva que sirva como instrumento para un mejor control democrático.

III

La referencia normativa, de carácter internacional, a tener en cuenta en materia de transparencia es el Convenio n.º 205 del Consejo de Europa sobre el acceso a los documentos públicos, que establece las normas mínimas inspiradas en las experiencias y prácticas de los estados miembros, y, en lo relativo a protección de datos, el Reglamento 2016/679 del Parlamento y del Consejo, de 27 de abril de 2016, relativo a la protección de las personas físicas en lo que respecta al tratamiento de datos personales y a la libre circulación de estos datos. Así mismo, en el ámbito estatal se han considerado: la Ley 19/2013, de 9 de diciembre, de transparencia, acceso a la información pública y buen gobierno; la Ley 37/2007, de 16 de noviembre, sobre reutilización de la información del sector público y sus modificaciones; la Ley 39/2015, de 1 de octubre, del Procedimiento Administrativo Común de las Administraciones Públicas, en lo relativo a la regulación de las actividades ad extra entre Administración y personas administradas, obligatoria para las Administraciones Públicas; la Ley 40/2015, de 1 de octubre, de Régimen Jurídico del Sector Público; la Ley 9/2017, de 8 de noviembre, de Contratos del Sector Público; y el Real Decreto-ley 5/2018, de 27 de julio, de medidas urgentes para la adaptación del Derecho español a la normativa de la Unión Europea en materia de protección de datos.

Por su parte, en el ámbito de la Comunidad Autónoma del País Vasco y del Territorio Histórico de Gipuzkoa, la Ley 1/2014, de 26 de junio, Reguladora del Código de conducta y de los conflictos de Intereses de Altos Cargos y la Norma Foral 4/2011, de 19 de diciembre, por la que se regulan los registros de actividades y de bienes y de intereses en el ámbito del

sector público foral del Territorio Histórico de Gipuzkoa, la Ley 10/1982, de 24 de noviembre, Básica de normalización del uso del Euskera, la Ley 4/2005, de 18 de febrero, para la Igualdad de Mujeres y Hombres y la Norma Foral 2/2015, de 9 de marzo, para la igualdad de mujeres y hombres, junto con la normativa de participación ciudadana y esta norma foral conforman el marco normativo que debe inspirar a las Administraciones Públicas en sus relaciones con la ciudadanía.

IV

Por todo ello, en ejercicio de la competencia exclusiva que el Estatuto de Autonomía para el País Vasco, en su artículo 37.3.a) reconoce y atribuye a los órganos forales en materia de organización, régimen y funcionamiento de sus propias instituciones, la presente norma foral desarrolla su modelo de buen gobierno, ampliando obligaciones de la propia administración en todo aquello en que tiene ocasión de hacerlo.

La presente Norma Foral de Buen Gobierno consta de 60 artículos repartidos en cinco títulos, cuatro disposiciones adicionales, una disposición derogatoria y dos disposiciones finales.

El título I, dedicado a las disposiciones generales, además del objeto de la norma foral, establece los principios que han de presidir el buen gobierno y define con precisión los conceptos que desarrolla. En lo relativo a su ámbito subjetivo se hace una referencia específica a aquellos sujetos que vienen obligados exclusivamente en materia de transparencia. Además, se prevé la creación de un órgano de buen gobierno cuya misión será implantar y evaluar la propia norma foral, y se promueve específicamente la colaboración interinstitucional y la formación en buen gobierno.

El título II regula el Sistema de Integridad Institucional, auténtica piedra angular y aspecto sustantivo del buen gobierno foral, que procura la construcción de una infraestructura ética, asentada sobre un conjunto de valores y que se articula a través de objetivos, códigos e instituciones de garantía. Se fijan los objetivos del sistema, remarcándose el carácter preventivo del mismo y la necesaria promoción de la cultura de la integridad. Se articulan los códigos de conducta como la herramienta base de este sistema y contempla, asimismo, el Órgano de Garantía del sistema -ya creado por Decreto Foral 3/2016, de 1 de marzo-, configurado como órgano independiente cuyas funciones son, entre otras, velar por cumplimiento de los códigos y prevenir malas conductas. Incluye, también, este título el Registro de Grupos de Interés, cuya creación y desarrollo se remite a un decreto foral posterior, cuyo objeto es doble: facilitar la participación de los grupos en la elaboración y aplicación de las políticas públicas; y que esta participación sea ética y transparente.

El título III, sobre la buena administración, en su capítulo I centra su atención en la planificación, evaluación y rendición de cuentas. Entiende la planificación como mecanismo que permite la plasmación de las estrategias y políticas públicas propiciando su evaluación y la rendición de cuentas. Destaca entre los planes, el plan estratégico que al inicio de la legislatura deberá elaborar la Diputación Foral, configurado como el instrumento de planificación que orienta la acción del gobierno de la legislatura y conforma su compromiso con la ciudadanía y del que emanan otros planes conforme al calendario que aprueba el

Consejo de Gobierno Foral. Todos los planes incorporarán un documento de seguimiento sobre su avance y cumplimiento.

Se introduce en este capítulo la evaluación de las políticas públicas, planes, programas y servicios públicos con el fin de impulsar su integración paulatina en los procesos de decisión y avanzar en la cultura de la rendición de cuentas y de la mejora continua.

En este capítulo se aborda, también, la rendición de cuentas entendida como un proceso permanente en el que responsables políticos y empleados y empleadas públicos informan, responden y justifican ante la ciudadanía los resultados del uso de los recursos, de las decisiones y de la gestión encomendada y se sujetan a su evaluación, con el objetivo primordial incentivar el control social.

En todos estos instrumentos de la buena administración se establece la obligación de incorporar el enfoque de género, de tal modo que se analicen los resultados e impactos considerando la diferente situación y percepción de mujeres y hombres. Este enfoque se extiende al conocimiento científico y a la comunicación interactiva.

El capítulo II de este título aborda la gestión avanzada entendida como aquella orientada a contar con una Administración que actúa con profesionalidad e imparcialidad, con visión estratégica, coherente, con objetivos claros, orientada a la obtención de resultados, y que hace del euskera lengua de servicio, trabajo y comunicación. El plan de implantación de este modelo en la Diputación Foral responderá a un plan aprobado por el Consejo de Gobierno Foral.

La comunicación interactiva con la ciudadanía cierra este capítulo definiendo el sistema de atención ciudadana como aquel que debe responder adecuadamente a las preguntas y demandas de la ciudadanía con el objetivo de mantener canales abiertos de escucha activa ciudadana.

El capítulo III, por su parte, aborda la gestión de la innovación y la transformación digital. La innovación pública y social y su incorporación a los nuevos modelos de gobernanza y a la Administración en sus procesos internos y externos encuentran en el artículo 22 su regulación, conminándose a la Administración Foral a generar contexto para la innovación.

La Diputación Foral asume la obligación de plasmar en un plan su estrategia de transformación digital, de introducción de las nuevas tecnologías de la información y comunicación dirigidas a mejorar la eficiencia de la Administración, a una gestión inteligente de la información y a un modelo de relación digital interactiva con la ciudadanía.

El título IV regula tres elementos esenciales del gobierno abierto, esto es, la transparencia, la apertura de datos y el derecho de acceso a la información.

El capítulo I relativo a transparencia y apertura de datos se despliega en diversas secciones que regulan las disposiciones generales, la transparencia de la publicidad activa, los datos abiertos y la organización administrativa.

En la sección 1.ª, dedicada a las disposiciones generales, se resalta el principio de máxima accesibilidad de la información y los derechos y deberes de las personas solicitantes de la misma. Además se aborda la gestión y características de la información pública, como gestión orientada a garantizar su integridad, su disponibilidad y su publicación abierta.

La sección 2.ª, relativa a la transparencia de la actividad pública, después de recoger las obligaciones de publicidad activa del sector público foral y los efectos jurídicos de la información pública, recoge los artículos 30 a 35, estructurados en: información sobre la institución, su organización, planificación y patrimonio; información sobre el personal cargo público foral; información de relevancia jurídica, información sobre contratos, convenios y subvenciones, información económica, financiera, presupuestaría y estadística; e información sobre las relaciones con la ciudadanía. En este campo la presente norma foral incorpora las nuevas obligaciones derivadas de la Ley 9/2017, de 8 de noviembre, de Contratos del Sector Público e incrementa y mejora las obligaciones de publicidad activa con especial atención a aquellas planteadas por organizaciones de defensa de la transparencia.

La apertura de datos íntimamente ligada a la transparencia se regula en la sección 3.ª, en los artículos 38 a 41. En ellos el sector público foral asume la apertura, por defecto, de los datos y documentos en formatos reutilizables e interoperables para su uso tanto público-social como privado-comercial. Se regula el régimen administrativo de la reutilización; se señala que la política de datos será participada y se podrá plasmar en un plan y, por último, se impulsa la colaboración inter-administrativa.

En cuanto a la organización administrativa, sección 4.ª, la norma prevé que las unidades departamentales de información lo sean para transparencia y datos, si bien la atribución de responsabilidades es diferente: en transparencia lo son las secretarías técnicas en tanto que en datos lo son todas las unidades y servicios, si bien se determina la necesidad de coordinación y las funciones que al órgano coordinador le son atribuidas.

Por su parte, el capítulo II regula el derecho de acceso a la información pública y sus limitaciones, y detalla el proceso de acceso y su resolución. En la solicitud se amplían las vías de acceso hasta ahora existentes y en la resolución se reduce el plazo a 20 días. Es de destacar el compromiso asumido por la Diputación Foral en el artículo 50 de dar respuesta a todas las solicitudes y a resolverlas en plazo.

Por último, el capítulo III regula las garantías de transparencia y el régimen sancionador que se ajusta a la capacidad competencial de la Institución Foral. Se crea la Comisión de Reclamaciones en materia de Transparencia como órgano colegiado e independiente que entenderá de las reclamaciones que las ciudadanas y ciudadanos realicen y cuyo desarrollo se remite a un decreto foral posterior. Por su parte, los artículos 54 a 59 recogen la exigencia de responsabilidad de las personas que tengan la consideración de personal alto cargo o personal asimilado, regula el régimen de infracciones y sanciones y establece, por último, el procedimiento sancionador y la publicidad de las sanciones.

Finalmente, el título V regula en un único artículo la obligada evaluación de la norma foral cada cinco años. Esta evaluación será participada y deberá ser aprobada por el Consejo de Gobierno Foral, que la trasladará a las Juntas Generales de Gipuzkoa.

La disposición adicional primera contiene la previsión específica dirigida a Juntas Generales relativa a la autoaplicación de la norma foral.

La disposición adicional segunda determina que el Órgano de Garantía del Sistema de Integridad Institucional, previsto en el artículo 11 de la presente norma foral, será la Comisión de Ética Institucional, regulada por Decreto Foral 3/2016 de 1 de marzo o normativa que lo sustituya.

La disposición adicional tercera otorga un plazo de un año para abordar la regulación del Registro de Grupos de Interés contemplado en el artículo 14.

La disposición adicional cuarta remite toda referencia que la norma foral realiza al personal empleado público al Texto Refundido del Estatuto Básico del Empleado Público.

La disposición derogatoria deroga las normas de igual o inferior rango en lo que contradigan o se opongan a lo dispuesto en esta norma foral y, expresamente, la Norma Foral 4/2014, de 6 de febrero, de transparencia y acceso a la información pública y la letra c del párrafo segundo del artículo 17 de la Norma Foral 3/2007, de 27 de marzo, de subvenciones del Territorio Histórico de Gipuzkoa.

La disposición final primera contiene la correspondiente habilitación normativa a favor del Consejo de Gobierno Foral y la segunda dispone la entrada en vigor de la norma el día siguiente al de su publicación en elBoletín Oficialde Gipuzkoa.

TÍTULO I

Disposiciones Generales

Artículo 1. Objeto.

La presente norma foral tiene por objeto regular el concepto de buen gobierno en el marco de la gobernanza pública foral, entendido como aquel que cuenta con un sistema de integridad; con una buena administración que planifica, evalúa, rinde cuentas; con un modelo de gestión avanzada; y con un gobierno abierto, transparente y participativo. Un gobierno que genera el máximo valor público con los medios disponibles, dando respuestas a los problemas y necesidades relevantes de la sociedad; que impulsa la igualdad de mujeres y hombres; que genera oportunidades para las actuales y futuras generaciones, y que fomenta la deliberación democrática para crear comunidad, ciudadanía y democracia.

Artículo 2. Ámbito subjetivo de aplicación.

1. Esta norma se aplicará a:

   a) La Administración Foral, que se identifica con la Diputación Foral y sus diferentes órganos.

   b) Las entidades que integran el sector público foral a estos efectos:

      I. Los organismos autónomos forales.

      II. Las entidades públicas empresariales forales.

      III. Las sociedades mercantiles forales.

      IV. Las fundaciones forales.

2. Esta norma será también aplicable, en lo relativo a transparencia y acceso a la información pública, a las Juntas Generales de Gipuzkoa, en relación con su actividad parlamentaria, así como con sus actividades sujetas a derecho administrativo y de conformidad con lo previsto en la disposición adicional primera.

3. Así mismo, les serán aplicables las obligaciones de transparencia, en los términos recogidos en la legislación básica, a las entidades privadas perceptoras de ayudas económicas, a los partidos políticos y a las organizaciones sindicales y empresariales.

4. Las personas físicas y jurídicas que presten servicios públicos o ejerzan potestades administrativas, las personas adjudicatarias de los contratos del sector público, y demás sujetos obligados, de conformidad con la normativa básica y con el alcance previsto en dicha normativa, deberán suministrar a la entidad de las enumeradas en los números 1 y 2 del presente artículo con la que guarden relación, y previo requerimiento de la misma, toda la información que necesite para el cumplimiento de las obligaciones de publicidad activa recogidas en el título IV.

Esta obligación de suministrar información se recogerá expresamente en el instrumento que configura la relación de que se trate, tales como convenios, pliegos de cláusulas administrativas particulares o documento contractual equivalente.

Artículo 3. Principios del buen gobierno.

Los principios que inspirarán la actuación de la Diputación Foral y del resto del sector público foral en su acción de gobierno serán:

- **Integridad institucional.** La Integridad institucional como valor esencial en el ejercicio de las funciones públicas desarrolladas por parte de las personas con responsabilidad política y por los empleados y empleadas públicas, así como por las entidades o personas que participen en la prestación de servicios forales.
- **Solidaridad,** para construir una sociedad que no desatienda a las personas más vulnerables, que desarrolla mecanismos para la integración social y evitar la exclusión y que garantiza la solidaridad intergeneracional.
- **Sostenibilidad,** que orienta el modelo de progreso social, económico y ambiental hacia un uso sostenible de los recursos.
- **Igualdad de mujeres y hombres.** Una sociedad de mujeres y hombres con igualdad de oportunidades que incorpore la perspectiva de género en las instituciones e instrumentos de desarrollo e implantación del buen gobierno.
- **Igualdad lingüística.** La promoción activa del uso del Euskera tanto en el desarrollo del trabajo político-administrativo ad intra como en las relaciones interinstitucionales con otros poderes públicos y, en particular, en las relaciones con la ciudadanía y con su tejido asociativo. Una actitud proactiva a fin de equiparar las opciones lingüísticas y fomentar la igualdad entre hablantes.
- **Imparcialidad,** entendida como la forma de actuación que trata a las personas igual, aplica la norma foral en los procedimientos y garantiza el acceso universal, incluidas las minorías, a las oportunidades de mantener y mejorar el bienestar.
- **Transparencia y apertura de datos.** La transparencia como concepto esencial para proveer a la ciudadanía de toda aquella información pública relevante y demandada, y el acceso a la misma configurado como derecho, a efectos de articular una relación basada en la confianza con la ciudadanía, reforzar la legitimidad institucional de la Diputación Foral y de su sector público, así como facilitar la rendición de cuentas. Los datos se abrirán en todos los formatos posibles y de lectura automática por ordenador de tal forma que su apertura, además de muestra de la transparencia, transforme la información en conocimiento colectivo.
- **Rendición de cuentas.** La rendición de cuentas de las políticas y acciones desarrolladas en el ejercicio de la actividad pública como parte de la esencia del sistema democrático y refuerzo de la credibilidad y la confianza de la ciudadanía en sus instituciones.
- **Participación, escucha activa de la ciudadanía y colaboración.** La escucha activa y la conexión con la ciudadanía de Gipuzkoa en cuanto potenciadora de la participación y el compromiso cívico de una acción pública basada en la co-creación y en las sinergias de la colaboración público-privada.
- **Equidad, eficacia y efectividad en la gestión.** El sector público foral orientará su actuación a dar respuesta de manera equitativa y eficiente a las necesidades de las personas e instituciones que sean destinatarias de sus servicios, de tal forma que se garantice el acceso a los mismos de todas las personas.
- **Objetividad,** en la evaluación de resultados e impactos de las políticas y servicios públicos que responderá a criterios objetivos y mesurables.
- **Accesibilidad universal y diseño para todas las personas.** Todos los servicios e infraestructuras físicas o tecnológicas serán accesibles a todas las personas. Así mismo, el acceso a la información y a su reutilización se hará a través de medios y formatos

adecuados y comprensibles, teniendo en cuenta la diversidad de personas que componen la sociedad.

- **Neutralidad tecnológica.** La Administración debe promover el uso de estándares neutrales y abiertos, la utilización de programas de código abierto, la reutilización de los datos y, especialmente, velar por la adecuación de la tecnología al uso social, de tal forma que todas las personas puedan ejercer sus derechos en igualdad de oportunidades.
- **Interoperabilidad.** Todos los sistemas de información y de los procedimientos a los que éstos dan soporte, tendrán la capacidad de compartir datos y posibilitar el intercambio de información y conocimiento entre ellos.
- **Intermodalidad de medios,** que posibilite que las aplicaciones y los sistemas de información permitan a la ciudadanía cambiar el canal a través del cual se relacionan con la Administración, asegurando la integridad y la seguridad jurídica, impidiendo por tanto que la elección de uno u otro canal implique restricciones o discriminaciones en la relación con la Administración.
- **Calidad de la información** garantizando la disposición de información completa, actualizada, bien organizada, clara y comprensible. La información ha de ser, así mismo, veraz, esto es, cierta y exacta y proceder de documentos en los que se haya verificado su autenticidad y fiabilidad y útil, es decir, adecuada para el cumplimiento de los fines para los que se solicite.
- **Simplicidad y comprensibilidad.** La información se publicará de manera clara y estructurada, y fácil de entender, con un lenguaje accesible y utilizando herramientas gráficas visuales que faciliten la comprensión.

Artículo 4. Órgano de buen gobierno.

En el decreto foral que establezca la estructura orgánica y funcional del departamento competente por razón de la materia se determinará la unidad administrativa encargada de implantar y evaluar la presente norma foral, que tendrá entre sus funciones las siguientes:

a) Elaborar directrices para la aplicación de los principios de buen gobierno en todos los departamentos forales.

b) Elaboración de los proyectos normativos de desarrollo de la presente norma foral.

c) Colaborar con los departamentos en el desarrollo de las herramientas de buen gobierno.

d) Valorar la implantación de nuevos instrumentos o procesos basados en los principios y objetivos de buen gobierno.

e) Evaluar la presente norma foral conforme a lo señalado en el artículo 60.

f) Coordinar las actuaciones con las unidades de participación y planificación estratégica para garantizar la coherencia de gobierno abierto.

g) Cualesquiera otras que le sean atribuidas para el buen cumplimiento de la presente norma foral.

Artículo 5. Colaboración interinstitucional sobre el buen gobierno.

El modelo de buen gobierno recogido en esta norma foral y basado en los conceptos de: integridad institucional, buena administración y el gobierno abierto tiene voluntad de ser un

modelo compartido por las Administraciones de Gipuzkoa, Diputación Foral e Instituciones Locales, para lo cual la Diputación Foral, con carácter general y sin ánimo de exhaustividad: impulsará espacios de reflexión sobre el modelo de gobernanza; pondrá a disposición de los ayuntamientos los programas, herramientas y recursos de buen gobierno que lleve a cabo; y colaborará en la innovación social y transformación digital de las Instituciones de Gipuzkoa.

Artículo 6. Formación en buen gobierno.

1. La Diputación Foral incorporará en el plan de formación dirigido al personal acciones formativas específicas sobre los elementos que componen el buen gobierno, esto es, integridad institucional, buena administración y gobierno abierto con el objetivo de incorporarlo a la cultura de la Diputación Foral.

2. Así mismo, impulsará acciones de comunicación interactiva y formación del buen gobierno foral dirigidas a la sociedad para profundizar en su conocimiento y avanzar en su implantación de forma colaborativa.

Artículo 7. Definiciones.

A efectos de la presente norma foral, se entiende por:

- **Integridad institucional:** la infraestructura ética del sector público foral que asienta la política de integridad institucional y que se articula a través de objetivos, principios e instituciones de garantía, y que cuenta con los códigos de conducta como la herramienta básica de su sistema.

- **Grupos de interés:** las personas y organizaciones que, independientemente de su forma o estatuto jurídico, en interés de otras personas u organizaciones realizan actividades susceptibles de influir en la elaboración de normas o disposiciones generales o en la elaboración y aplicación de las políticas públicas; y las plataformas, redes u otras formas de actividad colectiva que, a pesar de no tener personalidad jurídica, constituyen de facto una fuente de influencia.

- **Buena administración:** aquella que responde a las necesidades de la ciudadanía de forma equitativa, eficaz y eficiente; que genera valor social; que incorpora un modelo de gestión pública avanzada; que actúa proactivamente en el uso del euskera en aras a la consecución de la igualdad lingüística; que implanta prácticas novedosas en la definición y prestación de los servicios, en el sistema de gestión de la información y de comunicación interactiva con la ciudadanía.

- **Planificación:** el instrumento en el que se plasman las estrategias, políticas y programas de acción del sector público foral, se proyectan en el tiempo y se orientan a la consecución de objetivos y resultados.

- **Evaluación:** el proceso integral, transparente y participativo de observación, medida, análisis e interpretación encaminado al conocimiento de una intervención pública que

permita alcanzar un juicio valorativo, basado en evidencias, respecto de su diseño, puesta en práctica, resultados e impactos para una mejor toma de decisiones.

- **Rendición de cuentas:** el proceso permanente en el que responsables políticos, responsables de las actuaciones y personas empleados y empleadas públicas informan, responden y justifican a la ciudadanía sobre los resultados del uso de los recursos, de las decisiones y de la gestión encomendada y se sujetan a su evaluación.

- **Gestión avanzada:** aquella que coadyuva a satisfacer las necesidades de las personas y grupos sociales mediante un uso equitativo y eficiente de los recursos disponibles, y en el que los servicios públicos están orientados a las personas e instituciones que sean sus destinatarias directas; una gestión pública, en definitiva, que aporte valor a la sociedad.

- **Innovación pública y social:** proceso de innovación de la administración que incorpora el conocimiento y el talento existentes en la sociedad para responder mejor a los problemas de la ciudadanía; que hace un uso inteligente de las capacidades técnicas, tecnológicas y de los recursos; y que aporta valor público.

- **Transformación digital:** aquel proceso en el que una organización cambia su estructura y funcionamiento para adaptarlo a las tecnologías y al entorno digital con el objetivo de mejorar la organización y prestar mejor servicio a una ciudadanía que demanda nuevas formas de relación con la Administración.

- **Comunicación interactiva:** aquella que establece un modelo de relación entre la Administración y la ciudadanía que permite la interacción creativa y flujos de relaciones colaborativas corresponsables para la transformación social de la Administración y la ciudadanía.

- **Atención ciudadana:** conjunto de procesos y medios que se organizan para crear un espacio constructivo de relaciones que permitan a la ciudadanía el ejercicio de sus derechos, el cumplimiento de sus obligaciones y el acceso a la información.

- **Transparencia:** la obligación positiva de hacer pública a iniciativa propia, de forma permanente, actualizada y sistemática la información que sea relevante para dar a conocer la actividad del sector público foral.

- **Información pública:** los datos o documentos, cualquiera que sea su formato o soporte, que obren en poder de cualquiera de los sujetos del sector público foral que hayan sido elaborados o adquiridos en el ejercicio de sus funciones.

- **Datos abiertos:** aquella información de que dispone el sector público foral publicada en formatos reutilizables por todas las personas, de lectura automática por ordenador e interoperables.

- **Acceso a la información:** el derecho de todas las personas de acceder a la información pública de que disponen las instituciones y entidades que conforman el sector público foral y que haya sido elaborada o adquirida en el ejercicio de sus funciones, sin necesidad de motivación alguna, ni alegar interés específico ni ningún otro derecho.

TÍTULO II

Integridad Institucional

Artículo 8. Objetivos.

El sistema de integridad institucional tiene por objetivos:

a) Desarrollar y promover una cultura de integridad en el ejercicio de funciones públicas por parte de las personas responsables, personas empleadas públicas y de quienes participen en la provisión de servicios públicos.

b) Prevenir malas prácticas o conductas inadecuadas que puedan dañar la imagen de la institución.

Artículo 9. Valores que inspiran el sistema.

Los valores que inspiran el sistema de integridad institucional son:

- **Representación.** El personal cargo público foral ejercerá sus funciones de representación orgánica, tanto interna como externamente, con la dignidad requerida y el necesario comportamiento que exige la imagen de la institución.

- **Integridad.** En el desempeño de sus funciones públicas, el personal cargo público foral y las personas empleadas públicas actuarán con el debido comportamiento ético inherente al ejercicio de sus funciones.

- **Ejemplaridad.** La actuación del personal cargo público foral y de las personas empleadas públicas, en tanto que representa el espejo a través del cual se proyecta la imagen de la institución, obliga a todos ellos a mantener un comportamiento ejemplar.

- **Honestidad y desinterés.** El personal cargo público foral y las personas empleadas públicas dirigirá sus actuaciones exclusivamente hacia el objetivo del pleno cumplimiento del interés público y de los intereses de la ciudadanía de Gipuzkoa en su conjunto.

- **Objetividad.** En el ejercicio de sus actividades públicas el personal cargo público foral y las personas empleadas públicas públicas deberán actuar con la objetividad que exigen los intereses generales, el desarrollo de las funciones públicas y los cometidos propios del sector público al servicio de la ciudadanía.

- **Profesionalidad.** El personal cargo público foral y las personas empleadas públicas ejercerán sus funciones con criterios de elevada profesionalidad.

- **Eficiencia.** La gestión de los recursos y la gestión económico-financiera del personal cargo público foral y de las personas empleadas públicas estará imbuida por la eficiencia, obviando incurrir en ningún tipo de despilfarro en el uso de bienes o recursos públicos y optimizando su uso.

- **Convivencia y respeto.** El personal cargo público foral y personas empleadas públicas fomentarán a través del ejercicio de sus funciones el fortalecimiento de una sociedad en la que prevalezca plenamente la convivencia, la solidaridad y la tolerancia, impulsando el respeto mutuo, el pluralismo y la solidaridad entre las personas.

Artículo 10. Códigos de conducta.

1. Los códigos de conducta son la herramienta base del sistema de integridad institucional en su condición de documentos de autorregulación a través de los cuales se lleva a cabo la identificación de valores, principios y normas de conducta a los que se deberán ajustar todas las personas que ejerzan directa o indirectamente funciones públicas en la Diputación Foral y en su sector público.

2. La Diputación Foral contará con un Código de Conducta y Buenas Prácticas de sus miembros, personal alto cargo y personal asimilado.

3. La Diputación Foral elaborará códigos de conducta de sectores de actividad, e impulsará la extensión de sus valores y principios a otros agentes en tanto que prestadores de servicios a la ciudadanía o proveedores de servicios públicos.

4. Los códigos de conducta relativos a la Diputación Foral serán aprobados por el Consejo de Gobierno Foral a propuesta del diputado o diputada del departamento que tenga atribuida la competencia por razón de la materia. El proceso de aprobación de los citados códigos contará con la participación de las personas afectadas por el mismo.

5. La adhesión al Código de Conducta y Buenas Prácticas de sus miembros, personal alto cargo y personal asimilado será individualizada y será requisito para su nombramiento.

6. La Diputación Foral promoverá la elaboración de otros códigos de conducta con la finalidad de asegurar la coherencia del Sistema de Integridad Institucional.

Artículo 11. Órgano de Garantía.

1. La Diputación Foral contará con un órgano independiente de garantía del Sistema de Integridad Institucional con las funciones de impulsar, promover y velar por el cumplimiento de lo regulado en los códigos de conducta y prevenir cualquier incumplimiento o mala conducta que pueda dañar la imagen de la institución.

2. El Órgano de Garantía dispondrá de un sistema accesible y sencillo en el que ciudadanía y personas empleadas de la Diputación Foral y del resto de entidades del sector público foral, además de consultas, puedan formular quejas o denuncias, tanto de forma anónima como con identificación, esto es, puedan de buena fe poner en conocimiento de la institución hechos o situaciones que puedan ser constitutivos de conductas inadecuadas o contrarias a la integridad institucional.

3. La Diputación Foral mediante decreto foral desarrollará las previsiones contenidas en el presente título y determinará las normas de organización, procedimiento y funcionamiento del citado órgano y garantizará en su composición una representación equilibrada de mujeres y hombres, en el que cada sexo estará representado al menos por el 40/%, conforme a lo señalado en la Ley 4/2005, de 18 de febrero, para la Igualdad de Mujeres y Hombres.

Artículo 12. Difusión y prevención del sistema.

La Diputación Foral establecerá sistemas de difusión y prevención de los valores, principios y normas que conforman la integridad institucional, principalmente a través de programas de formación y comunicación.

Artículo 13. Colaboración con las instituciones locales.

1. La Diputación colaborará con los ayuntamientos de Gipuzkoa, que así lo soliciten, en la definición y configuración de sus sistemas de integridad y los códigos de conducta, regulados en la Ley 2/2016, de 7 de abril, de Instituciones locales de Euskadi, acordes a su realidad institucional y social, al tiempo que coherente con el sistema de integridad institucional de la Diputación Foral.

2. Así mismo, los ayuntamientos que lo deseen, previo acuerdo del órgano competente conforme a la normativa que le es de aplicación, podrán adherirse al Órgano de Garantía previsto en el artículo 11 de esta norma foral.

Artículo 14. Registro de Grupos de Interés.

1. La Diputación Foral creará un Registro de Grupos de Interés cuya finalidad es la inscripción y el control de las personas y organizaciones que trabajan por cuenta propia y participan en la elaboración y aplicación de las políticas públicas de la Diputación Foral y su sector público, en defensa de intereses de terceras personas u organizaciones, y de las plataformas, redes y otras formas de actividad colectiva que, a pesar de no tener personalidad jurídica, constituyen de facto una fuente de influencia organizada.

2. El ámbito de aplicación del registro incluye todas las actividades realizadas con la finalidad de influir directa o indirectamente en los procesos de elaboración o aplicación de las políticas publicas y la toma de decisiones, con independencia del canal o medio utilizado, incluyendo los contactos con autoridades y personal cargo público, junteros y junteras, funcionarios o funcionarias y personal al servicio del sector público foral, así como las contribuciones y la participación voluntaria en consultas oficiales sobre propuestas normativas, actos jurídicos u otras consultas.

3. El Registro de Grupos de Interés será público y los datos que contenga estarán disponibles mediante el régimen de transparencia establecido por la presente norma foral y recabará los datos desagregados por sexo tanto de las personas físicas como de las personas representantes de los diferentes grupos.

4. Mediante decreto foral se desarrollarán las previsiones contenidas en este artículo.

TÍTULO III

Buena administración

CAPÍTULO I.
PLANIFICACIÓN, EVALUACIÓN Y RENDICIÓN DE CUENTAS

Artículo 15. Planificación.

1. La Diputación Foral, al inicio de cada legislatura, elaborará un plan estratégico que orientará la acción de gobierno de la legislatura y conformará su compromiso responsable ante la ciudadanía. El citado plan constituye la hoja de ruta estratégica que debe guiar y alinear las prioridades de todos y cada uno de los departamentos de la Diputación Foral y del resto de entidades del sector público foral.

2. En el plan estratégico se identificarán:

   a) Los objetivos estratégicos, las líneas de actuación prioritarias del gobierno, los indicadores asociados a los mismos y los órganos responsables de su ejecución.
   b) Los proyectos y programas estratégicos vinculados a objetivos y su modelo de gobernanza.
   c) La gobernanza del plan.
   d) El programa legislativo.

3. El plan estratégico del Gobierno Foral se remitirá a las Juntas Generales para su conocimiento y se publicará en elBoletín Oficialde Gipuzkoa y en el portal de transparencia de la Diputación Foral.

4. Además del citado plan, con el objetivo de impulsar, reforzar y desplegar aquel, se podrán elaborar:

   a) Planes impulsados por los departamentos, que se presenten como actuaciones preferentes relacionadas con prioridades políticas de la institución y que responden a las necesidades de la ciudadanía. Estos planes, además de desarrollar las líneas contenidas en el plan estratégico, podrán incorporar otras que, sin formar parte de aquel, sean relevantes para el desarrollo de las políticas sectoriales.
   b) Otras actuaciones significativas de carácter variado que representen un avance cualificado en los compromisos del gobierno (programas, proyectos de inversión...).

5. El Consejo de Gobierno Foral aprobará, al inicio de cada legislatura, un calendario de planes y otras actuaciones que deben ser elaborados por los departamentos forales. Este calendario será susceptible de ajuste anual y permitirá la incorporación de nuevos planes.

6. El plan estratégico y el resto de planes y actuaciones significativas que se aprueben, contarán con un documento de seguimiento en el que se especificará el grado de avance y cumplimiento, y las modificaciones sufridas, en su caso, con el objetivo de incorporar mejoras, reorientar los medios o adecuar la programación temporal a la luz de los resultados del análisis. En todo caso, se rendirá cuenta del mismo a la ciudadanía permitiendo su interacción mediante la publicación continuada del grado de avance y de sus resultados a través de los diferentes canales de comunicación con la ciudadanía y de la obligación de publicidad activa derivada del compromiso de transparencia.

7. Todos los planes y programas, incluido el plan estratégico incorporarán la perspectiva de género en el proceso de diseño, gestión y evaluación. Ello implica desagregar los da-

tos por sexo en el análisis de situación, en la planificación de objetivos y acciones para abordar la brecha de género y también en la evaluación de los resultados, considerando la diferente posición de mujeres y hombres. Ese mismo enfoque se considerará en los indicadores y estadísticas que se utilicen en la adopción de decisiones.

Artículo 16. Evaluación.

1. La Diputación Foral y resto de entidades del sector público integrarán paulatinamente la evaluación en sus procesos de decisión, incorporándola desde su diseño, con el fin de propiciar una cultura de rendición de cuentas.

2. La Administración Foral impulsará la evaluación tanto de políticas públicas como de planes, programas y servicios públicos:

    a) La evaluación de políticas publicas integrará el análisis estratégico de las mismas con el análisis de los aspectos operativos de su despliegue e incorporará criterios vinculados a valores sociales.

    b) La evaluación de planes, por su parte, incidirá en el nivel operativo, en el análisis de la relación de objetivos y medios.

    c) La evaluación de calidad de los servicios, por su parte, considerará los niveles de prestación de servicios en relación con las expectativas ciudadanas y la medición del grado de cumplimiento de compromisos asumidos por la Administración y, si procede, la implantación de las medidas correctivas oportunas.

3. La evaluación perseguirá mediante la utilización de técnicas diversas contar con información estadística, técnica y social para llegar a evaluar resultados e impactos. Esto es, el acierto en la estrategia diseñada, su grado de flexibilidad y adaptación a una realidad cambiante, su eficacia y eficiencia y la adecuación de los mecanismos de gestión y seguimiento y todos los efectos de la planificación y ejecución (específicos o globales, buscados o no, positivos, negativos o neutros, directos o indirectos).

4. La Diputación Foral, mediante decreto foral, desarrollará las previsiones contenidas en el presente artículo y fijará las prioridades, criterios y plazos que permitan integrar la evaluación en el diseño de políticas públicas, en la planificación y en los servicios forales.

5. La evaluación de las políticas públicas, planes y servicios analizará los resultados y sus impactos considerando la diferente posición social de mujeres y hombres, mediante el análisis de datos desagregados por sexo e indicadores de género.

Artículo 17. Rendición de cuentas.

1. El sector público foral con el objetivo de rendir cuentas a la sociedad:

    a) Informará públicamente sobre la gestión que realiza, favorecerá las condiciones y garantizará que la ciudadanía acceda a la información para que sea utilizada en el ejercicio de control social a lo público.

b) Impulsará espacios de deliberación con la ciudadanía que permita la comunicación e intercambio de ideas y críticas respecto a la gestión de la Diputación Foral y entidades del sector público foral.
c) Incorporará las peticiones ciudadanas en los procesos de diseño y ejecución de las políticas públicas.

2. Los mecanismos primordiales de rendición de cuentas de la Diputación Foral serán:

a) La información interactiva pública y transparente.
b) Evaluación de la gestión y de la planificación y de resultados e impactos de lo ejecutado.
c) La participación y sus procesos consultivos en los términos previstos en su normativa específica.

3. La Diputación Foral reforzará la rendición de cuentas de:

a) El plan estratégico del Gobierno Foral y el presupuesto anual, ambos instrumentos esenciales de la gestión y reflejo de su estrategia y destino de los recursos.
b) El Órgano de Garantía del Sistema de Integridad Institucional.
c) Los programas sectoriales departamentales.
d) Los servicios que presta ante las personas destinatarias de ellos y que son parte activa en su despliegue y mejora (cartas de servicios).

4. La Diputación Foral rendirá, además, anualmente cuentas ante las Juntas Generales del plan estratégico y del presupuesto para abrir un debate social y plural sobre los avances, resultados e impactos de los mismos.

5. En aras a favorecer una visión a medio plazo de la rendición de cuentas social, la Diputación Foral incluirá en su página web información concerniente a indicadores que reflejen a través de magnitudes sencillas la situación del territorio, acompañados de su evolución comparativa con los cinco ejercicios precedentes. Los indicadores citados incluirán datos de la información económico-financiera, objetivos de bienestar social alcanzados e inversiones realizadas y su evaluación, además de otros indicadores reconocidos por instituciones internacionales que permitan analizar la evolución de la calidad de vida de la ciudadanía de Gipuzkoa, siempre que estén disponibles a nivel territorial. Los datos serán desagregados por sexo cuando se trate de personas y, entre los indicadores, se incluirán indicadores de género.

6. Todos los procesos de rendición de cuentas tendrán en cuenta la perspectiva de género y se realizarán de tal forma que se favorezca el acceso de las mujeres a la información y a los espacios de deliberación y propositivos.

Artículo 18. Información sobre planes y su evaluación.

1. Los planes aprobados, su seguimiento y evaluación serán divulgados en el portal de Internet institucional y publicados en el portal de transparencia de la Diputación Foral. La información sobre ellos se realizará de forma clara, sencilla, fácil y comprensible por todas las personas, de conformidad con lo señalado en el artículo 44 de esta norma foral.

2. La Diputación Foral rendirá cuentas utilizando los diferentes canales de comunicación existentes, adaptados a los sectores a los que se dirige. La información que se transmita a través de la página web institucional preverá la interacción ciudadana, de tal forma que la rendición de cuentas vaya pareja a un proceso de escucha ciudadana.

Artículo 19. Conocimiento técnico y científico en la planificación y evaluación.

1. En los procesos de planificación y evaluación se incorporará el conocimiento científico y técnico aplicable, para que los resultados de la evaluación y datos en los que se base la planificación contribuyan a facilitar procesos de deliberación y decisión más consistentes, sin sustituir la acción de gobierno ni los procesos de decisión política.

2. En la incorporación del conocimiento técnico y científico en los procesos de evaluación y de planificación se tendrán en cuenta, entre otros criterios, la relevancia, la credibilidad, el soporte empírico y la validez interna o consistencia de las diferentes teorías científicas conflictivas, así como la aplicabilidad al caso concreto y contexto específico de la política gubernamental proyectada que sea predicable de las mismas.

3. El sector público foral se valdrá, prioritariamente, de las capacidades técnicas y científicas de su organización y, cuando ello sea posible, de las instituciones académicas o de investigación existentes en el País Vasco.

4. Así mismo, dentro de las posibilidades presupuestarias existentes se fomentará la investigación al objeto de determinar las oportunidades o riesgos relevantes para las decisiones de diseño de las políticas públicas.

5. Se asegurará que el conocimiento técnico y científico se plasma de forma comprensiva y pertinente, acercando esas aportaciones a la ciudadanía en los procesos participativos y de consulta ciudadana.

6. El enfoque de género se integrará en el conocimiento científico y técnico experto y se garantizará que el análisis de datos que se realice en los procesos de toma de decisión incorporen esa perspectiva, de tal forma que la explotación de los datos permita conocer las diferentes aspiraciones, situaciones, condiciones y necesidades de mujeres y hombres en los ámbitos de intervención pública. Ello conllevará, cuando menos, contar con presencia equilibrada de mujeres y hombres en la composición de los equipos; reflexionar sobre los objetivos, hipótesis de investigación e impactos en el diseño del proyecto; considerar la perspectiva de género en la obtención, análisis e interpretación de datos, así como en los resultados e impactos; y en lo que se refiere a la presentación y divulgación de resultados realizar un uso no sexista del lenguaje y visibilizar las contribuciones de las mujeres y las especificidades de género.

CAPÍTULO II.
GESTIÓN AVANZADA

Artículo 20. Modelo de gestión avanzada.

1. El modelo de gestión pública estará orientado a la consecución de una Administración proactiva:

a) Que actúa con imparcialidad y profesionalidad.
b) Coherente en el desarrollo de sus actuaciones.
c) Con visión estratégica a medio y largo plazo.
d) Con objetivos y compromisos explícitos y evaluables.
e) Orientada a la obtención de resultados e impactos socialmente útiles y eficientes y que rinde cuentas ante la sociedad.
f) Que actúa con la agilidad y flexibilidad necesarias para la buena administración.
g) Que desarrolla e impulsa el liderazgo de los puestos directivos y de gestión.
h) Que impulsa el desempeño de las y los empleados públicos, promueve su participación y potencia su compromiso y corresponsabilidad.
i) Que incorpore el enfoque de género en todos los elementos de la gestión de tal forma que la mejora obtenida tenga los mismos impactos positivos en mujeres y hombres.
j) Que tenga el euskera como lengua de servicio, de trabajo y de comunicación.

2. La Diputación Foral, con el objetivo de contar con una Administración capaz de hacer frente a los retos que se presentan a corto y medio plazo y a las necesidades prioritarias de la sociedad de Gipuzkoa, definirá el modelo y la estructura orgánica y funcional de una administración que debe ser motor de innovación económica y social.

3. El Consejo de Gobierno Foral aprobará un programa de implantación del modelo de gestión en la Diputación Foral y sus indicadores, a propuesta del departamento que tenga atribuida la competencia por razón de la materia. Anualmente el departamento referido hará un informe de seguimiento de su grado de implantación, así como su evaluación y valoración de su impacto.

4. El resto de entidades que conforman el sector público foral adoptarán modelos de gestión avanzada e innovadora adaptados a sus características.

Artículo 21. Comunicación interactiva con la ciudadanía.

1. La Diputación Foral definirá los elementos que componen su sistema de atención ciudadana y realizará una gestión global de todos ellos, con el fin de responder adecuadamente a las preguntas y demandas de la ciudadanía de tal forma que sus demandas se atenderán con la lógica de la ventanilla única independientemente del canal que decidan utilizar de entre los reconocidos por la institución.

2. El sistema establecerá, en atención a la especialización en la atención ciudadana y la viabilidad de acceso e integración de la información y de los servicios públicos, dos niveles de atención:

   a) Nivel de atención ciudadana de carácter general, que ofrecerá información, orientación y asistencia a la tramitación de los servicios públicos de cualquier órgano de la Diputación Foral de Gipuzkoa y de su sector público.
   b) Nivel de atención ciudadana especializada. Los servicios de atención ciudadana especializada ofrecerán información y tramitación de los servicios públicos específicos del ámbito competencial de cada organismo responsable y que requieran un nivel especializado de conocimientos.

3. La unidad responsable de atención ciudadana coordinará con los departamentos las actuaciones necesarias para la implantación del sistema de atención ciudadana, siendo los departamentos los responsables de la adecuada inserción, modificación, seguimiento, actualización y coherencia de su información.

4. La oferta de información y el acceso a los servicios públicos podrá prestarse de forma presencial, por teléfono, por internet, a través de las redes sociales o por otros canales que la tecnología posibilite en el marco de la legislación vigente.

5. Además, con el objeto de mantener canales abiertos de escucha activa con la ciudadanía, la Diputación Foral incorporará a todos los soportes de comunicación digital espacios que incentiven la comunicación bidireccional y que sean accesibles para la interacción ciudadana (portales o páginas web, redes sociales).

6. Las actividades de comunicación interactiva e información se harán considerando la diversidad de la sociedad, incorporando la perspectiva de género, haciendo un uso no sexista del lenguaje y no utilizando imágenes que reproduzcan estereotipos de género.

CAPÍTULO III.
GESTIÓN DE LA INNOVACIÓN Y TRANSFORMACIÓN DIGITAL

Artículo 22. Innovación pública y social.

1. La Diputación Foral en su compromiso por la innovación social y su incorporación a los nuevos modelos de gobernanza, creará espacios de experimentación activa en relación con los retos y problemas complejos a los que se enfrenta el territorio, de forma compartida con la sociedad y sus agentes, en los que se garantizará la presencia equilibrada de mujeres y hombres con el objetivo de construir de forma colaborativa nuevas políticas públicas que coloquen los grandes retos en el centro al abordar soluciones integrales.

2. Dado que la generación e intercambio de conocimiento es elemento estratégico de la nueva gobernanza, la Diputación Foral promoverá su deliberación pública y su conocimiento experto en colaboración con las universidades y centros de investigación especializados.

3. La Administración Foral impulsará, también, la innovación pública, tanto en lo referente a servicios a la ciudadanía, esto es, en los procesos de creación y mejora de políticas públicas y servicios de impacto directo de la ciudadanía, como en procesos internos, mediante uso inteligente de la información y los datos, de la tecnología, un mejor uso de las capacidades y una nueva visión de la incorporación del conocimiento colectivo a la gestión pública.

4. En aras a insertar la cultura de la innovación en su seno y generar una organización que incorpora la innovación en su actividad ordinaria, la Diputación Foral abordará la gestión de la misma a través de iniciativas que generen ámbitos de reflexión y de proposición donde las nuevas ideas creativas sean llevadas a la práctica. Esta nueva

cultura de la innovación deberá contar con una participación equilibrada de mujeres y hombres y considerará el enfoque de género en sus propuestas.

Artículo 23. Transformación digital.

1. La Diputación Foral plasmará en un plan su estrategia de introducción de nuevas tecnologías de la información y de comunicación, que tendrá como objetivos: la simplificación y mejora de la eficacia y eficiencia de la Administración; una gestión inteligente y transparente de la información y datos; y un modelo de relación digital con la ciudadanía que incorpore su visión desde el diseño.

2. La Diputación Foral hará uso de aquellas herramientas de transformación que incorporándolas a sus servicios aporten valor a la ciudadanía, aumenten la eficiencia de la organización y garanticen la interoperabilidad, seguridad y accesibilidad de los servicios y los trámites. Entre ellas destacan:

   a) Trámites y servicios:
      I. Aplicaciones de tramitación electrónica que ofrezcan tramitación simple, eficaz y eficiente, garantizando su seguridad, autenticidad, legalidad y accesibilidad.
      II. Plataformas de expediente y archivo electrónico asegurando la integridad, autenticidad, seguridad y accesibilidad.
      III. Movilidad: uso de tecnologías que permitan la comunicación con la ciudadanía a través de dispositivos móviles.
      IV. Nube (Cloud), plataformas en la nube para facilitar la interacción con la ciudadanía, y ofreciendo espacios para la interacción que sean accesibles y seguros.

   b) Datos e información:
      I. Internet de las cosas (IoT): uso de tecnologías que permitan la conexión a la red de elementos físicos asociados a los equipos, las infraestructuras, los recursos y las instalaciones de la Administración Foral para desarrollar nuevos servicios que aporten valor público.
      II.Bases de datos, big data o geolocalización.

   c) Comunicación:
      I. Redes sociales para establecer un diálogo abierto con la sociedad.
      II. Contenidos multimedia: utilización de contenidos dinámicos, atractivos y de fácil comprensión para comunicar de forma interactiva las políticas públicas y los resultados.

3. La Diputación Foral formará a las personas empleadas públicas en nuevas tecnologías y entornos digitales con el fin de favorecer la adaptación de su función a un entorno digital, al tiempo que impulsará actuaciones dirigidas a luchar contra la brecha digital y garantice la igualdad de oportunidades de la ciudadanía, incluida la igualdad de oportunidades de mujeres y hombres.

TÍTULO IV

Gobierno abierto: transparencia, apertura de datos y acceso a la información

CAPÍTULO I.
TRANSPARENCIA Y APERTURA DE DATOS

SECCIÓN 1.ª Disposiciones generales

Artículo 24. Principio de máxima accesibilidad.

La regla general de la información pública y el acceso a la misma debe ser la transparencia y la excepción, su denegación o limitación. Cualquier excepción ha de venir impuesta por una disposición con rango de ley o por la protección de algún derecho fundamental, e interpretarse en su aplicación de forma restrictiva y más favorable a la divulgación o el acceso a la información de que se trate. A tal efecto, se utilizarán las técnicas de disociación de datos personales y de acceso parcial a la información siempre al servicio del principio de máxima accesibilidad.

Artículo 25. Derechos de las personas solicitantes de información pública y obligaciones de las personas que acceden a la información.

1. Toda persona solicitante de información pública dispone de los siguientes derechos:

   a) A ser informada de los derechos que le otorga la presente norma foral y a ser asesorada para un efectivo y correcto ejercicio de ellos.
   b) A recibir la información que solicite, dentro de los plazos máximos establecidos por esta norma foral.
   c) A recibir la información pública solicitada en la forma o formato elegidos, excepto cuando la opción elegida implique un formato no disponible, sea materialmente inviable o implique un coste desproporcionado, lo que se notificará motivadamente.
   d) A conocer los motivos por los cuales no se le facilita la información, total o parcialmente, y también aquellos por los cuales no se le facilita dicha información en la forma o formato solicitados.
   e) A utilizar la información recibida, sin comunicación ni autorización previa, dentro de los límites previstos en esta norma foral y en el resto de normativa aplicable.

2. Las personas que accedan a la información pública estarán sujetas a las siguientes obligaciones:

   a) A ejercer su derecho con respeto a los principios de buena fe e interdicción del abuso de derecho y, en particular, ejercer el acceso a la información de tal forma que no se vea afectada la eficacia del funcionamiento de los servicios, concretando las solicitudes de la forma más precisa posible.
   b) A respetar las obligaciones establecidas en la legislación en materia de reutilización de la información obtenida.
   c) A cumplir, en su caso, las condiciones y requisitos que se prevean para el acceso a la información en la correspondiente resolución, cuando haya de realizarse en una modalidad determinada o presencialmente en un concreto archivo o dependencia pública.

Artículo 26. Sistema de Gestión de la Información.

1. La Diputación Foral impulsará una buena gestión de sus activos de información orientada a garantizar su integridad, regular su disponibilidad y facilitar la publicación

abierta de los mismos, de manera que contribuyan a la eficiencia interna, a la eficacia de los procesos y a la generación de valor público.

2. La Administración Foral designará una unidad de información que coordine la gestión de la información. Se creará una red de trabajo de distintas áreas para establecer y aplicar normas y procedimientos comunes en la gestión de la información con el objetivo de generar y mantener sistemas comunes de análisis de los activos, así como establecer procesos de control, seguridad, actualización y calidad de la información.

Artículo 27. Características de la información pública.

Son características de la información pública, las siguientes:

a) La gestión de la información, y especialmente de aquella que se encuentre en formato electrónico se hará de forma que cada dato o documento sea único, compartido, accesible, estructurado, descrito, con información sobre las limitaciones de uso y, en su caso, ubicado geográficamente.
b) Cada documento o conjunto de datos se publicará en formatos comunes, abiertos, de uso libre y gratuito para las personas y, adicionalmente, en otros formatos de uso generalizados.
c) Los datos que se ofrezcan sobre una misma materia y que provengan de distintas instituciones, órganos o departamentos se publicarán, siempre que sea posible, en el mismo formato.
d) Los vocabularios, esquemas y metadatos usados para describir y estructurar la información pública se publicarán en la página web para que las personas puedan utilizarlos en sus búsquedas e interpretar correctamente la información.
e) Los conjuntos de datos numéricos se publicarán o se pondrán a disposición de forma que no incluirán restricciones que impidan la explotación de su contenido.
f) Los datos serán interoperables conforme a la norma técnica de interoperabilidad aplicable, incluyendo sus metadatos.
g) La apertura de datos se hará de fuentes primarias y serán completos y puestos a disposición tan rápidamente como son recogidos o reunidos, sin perjuicio de que con el fin de hacer más visible la información, se utilicen herramientas gráficas de visualización.
h) Con carácter general, la publicación de datos se realizará utilizando los estándares de apertura recogidos en recomendaciones internacionales.
i) Los datos se presentarán desagregados por sexo cuando se trate de datos estadísticos, encuestas o aquellos relevantes para la visualización del impacto diferenciado de las políticas públicas en hombres y mujeres.

SECCIÓN 2.ª Transparencia de la actividad pública

Artículo 28. Obligaciones en materia de publicidad activa.

1. Los sujetos enumerados en los números 1 y 2 del artículo 2 publicarán, a iniciativa propia y de manera gratuita, la información pública cuyo contenido se detalla en los artículos 30 a 35. Dicha información tiene carácter de mínimo y obligatorio, sin perjuicio de la aplicación de otras disposiciones específicas que prevean un régimen más amplio en materia de publicidad.

2. En todo caso, la información pública a la que se refieren los artículos 30 a 35 que contuviera datos especialmente protegidos solo se publicará previa anonimización de los mismos.

Artículo 29. *Efectos jurídicos de la información pública.*

La información pública divulgada o suministrada con base al presente título tendrá los únicos efectos jurídicos de cumplir con las obligaciones de información de esta norma foral y resto de normativa aplicable y de hacer efectivo el derecho de acceso a la información.

Artículo 30. *Información sobre la institución, su organización, planificación y patrimonio.*

1. Los sujetos enumerados en los números 1 y 2 del artículo 2 publicarán la siguiente información institucional y organizativa:

   a) Las funciones que desarrollan.
   b) La normativa que les es de aplicación.
   c) Su estructura organizativa, con un organigrama actualizado que identifique a las personas responsables de los diferentes órganos y describa su perfil y trayectoria profesionales.
   d) La sede de dichos órganos, horario de atención al público y medios de contacto.
   e) El número de personas empleadas por departamento y dirección; retribuciones anuales totales por tramos, niveles y puestos de trabajo; porcentaje de personal fijo y de personal temporal; porcentaje de mujeres en puestos de responsabilidad; perfiles lingüísticos asignados y porcentaje de acreditados; y número de personal cargo de confianza, asesoramiento o asistencia de libre nombramiento y cese. Esta información se presentará desagregada por sexo y será actualizada trimestralmente y, en todo caso, cuando se produzca modificación, supresión o creación de puestos y plazas objeto de publicación en elBoletín Oficial de Gipuzkoa.
   f) La oferta pública de empleo u otro instrumento similar de gestión de las necesidades de personal y los procesos de selección.
   g) Las organizaciones sindicales incluidas en los órganos de representación sindical, el número de personas representantes de cada organización sindical a la que pertenezcan, y el cómputo anual de horas empleadas y los costes asociados que generan las liberaciones.
   h) Los convenios, acuerdos y pactos de naturaleza funcionarial, laboral y sindical.
   i) Las resoluciones de autorización o reconocimiento de compatibilidad que afecten al personal.
   j) Cualesquiera otros datos que dichas personas deseen hacer constar.

2. La Diputación Foral y las entidades que integran el sector público publicarán, además:

   a) Los planes y programas anuales y plurianuales en los que se fijen objetivos concretos, y las acciones, medios y tiempo previsto para su consecución, contemplados en el artículo 15 de la presente norma foral. El grado de cumplimiento de los planes y programas y los resultados obtenidos deberán ser objeto de evaluación y pu-

blicación periódica, junto con los indicadores de medida y valoración del artículo 16. Se incluirán, también, los procesos participativos realizados y sus resultados conforme a lo contenido en la normativa foral de participación.

b) Las campañas institucionales de publicidad y de comunicación realizadas con indicación del gasto, adjudicatarias, y plazos de ejecución. Se publicará en detalle el soporte, medio de comunicación y el gasto correspondiente a cada uno de ellos.

3. La Diputación Foral publicará, además, la siguiente información:

a) La relación de los bienes inmuebles que sean de su propiedad o sobre los que ostente algún derecho real, con indicación del uso o servicio al que están destinados, y el departamento o ente al que están adscritos, o entidad a la que están cedidos. Se publicará, también, la información relativa al parque móvil, relación de teléfonos móviles corporativos y la relación de bienes culturales de la que es titular la institución.

b) Una relación con los datos básicos de las entidades públicas y privadas en las que tiene participación la Diputación Foral, los acuerdos relativos a su creación, la especificación del tipo de participación y el correspondiente enlace a sus páginas web.

c) Órganos consultivos y de participación social, con inclusión de su actividad y acuerdos que adopte.

d) Registro de Grupos de Interés.

Artículo 31. Información sobre el personal cargo público foral.

1. En relación con las personas incluidas en el ámbito de aplicación de la Norma Foral 4/2011, de 19 de diciembre, reguladora de los registros de actividades y de bienes y de intereses en el ámbito del sector público foral del Territorio Histórico de Gipuzkoa, se publicará, como mínimo, la siguiente información:

a) La identificación de tales personas y su perfil y trayectoria profesionales.

b) Los sueldos o retribuciones de cualquier naturaleza que perciban anualmente.

c) Los cargos o representación que ostentan en otros órganos y entidades por su propia condición, así como otro tipo de cargos públicos que, en su caso, ostenten.

d) Las resoluciones dictadas por el órgano competente sobre la compatibilidad de las actividades a realizar.

e) Los datos de las declaraciones de bienes e intereses que son objeto de publicación en elBoletín Oficialde Gipuzkoa en virtud del artículo 8 de la Norma Foral 4/2011, de 19 diciembre; y la información semestral que se remite a las Juntas Generales de Gipuzkoa en virtud de su artículo 15, sobre el número y tipo de declaraciones recibidas, el número de personal alto cargo que no han cumplido con la obligación de declarar, y su identificación.

f) Las agendas de actividad institucional y de trabajo de quienes conforman el Gobierno Foral y del personal alto cargo, que se mantendrán públicas, como mínimo, durante todo su nombramiento. En el caso en que no pueda hacerse pública la agenda con carácter previo, la publicidad se hará a posteriori, salvo que existan causas justificadas. En todo caso, deberán incluirse en las agendas de actividad ins-

titucional de los miembros del Gobierno Foal y del personal alto cargo, con carácter previo, las reuniones que los mismos mantengan con lobistas y lobbies.

g) La relación de viajes oficiales realizados con indicación de su objeto, lugar de destino, fecha, participantes y coste.

2. La Diputación Foral publicará información sobre el Sistema de Integridad Institucional con especial referencia a los códigos de conducta del personal cargo público, y cualesquiera códigos aprobados, junto con la relativa al Órgano de Garantía del sistema y sus resoluciones. El resto de entidades recogidas en los apartados 1 y 2 del artículo 2 darán, así mismo, publicidad a las actuaciones que desplieguen en aplicación del sistema de integridad.

Artículo 32. Información de relevancia jurídica.

La Diputación Foral, en el ámbito de sus competencias, publicará:

a) Una relación actualizada de los procedimientos de elaboración de normas que estén en curso, indicando su objeto, estado de tramitación y calendario previsto de trámites.

b) En relación con cada expediente de elaboración de normas y de conformidad con lo señalado en la Norma Foral 6/2005, de 12 de julio, sobre Organización Institucional, Gobierno, y Administración del Territorio Histórico de Gipuzkoa:

    I. Resultado de la consulta pública planteada con carácter previo a la elaboración de anteproyectos de normas forales y decretos forales.

    II. Orden o resolución de inicio y el informe anexo.

    III. El texto de los anteproyectos de norma foral y los proyectos de disposiciones de carácter general en el momento en que se sometan al trámite de audiencia o información pública; y si no se realiza dicho trámite, en el momento en que se solicite el dictamen de la Comisión Jurídica Asesora del Territorio Histórico de Gipuzkoa; y, si no se solicita, en el momento de su aprobación.

    IV. El informe de evaluación previa del impacto de género.

    V. El informe sobre la incidencia presupuestaria, en su caso.

    VI. La memoria final sobre el procedimiento seguido, que incluirá la referencia a las alegaciones, recomendaciones, observaciones y sugerencias recibidas en los distintos trámites y la respuesta a las mismas; con especial mención a las modificaciones realizadas en el texto de la norma foral como consecuencia de dichos trámites, o de correcciones técnicas o formales.

    VII. El dictamen de la Comisión Jurídica Asesora, cuando se haya emitido.

    VIII. La memoria y conclusiones del proceso de participación ciudadana, si lo hubiere.

c) En relación con la evaluación posterior de la normativa aprobada, los informes remitidos a las Juntas Generales de Gipuzkoa en cumplimiento de lo dispuesto en la normativa foral.

d) Las directrices, instrucciones, acuerdos, circulares o respuestas a consultas planteadas por particulares u otros órganos en la medida en que supongan una interpretación del derecho o tengan efectos jurídicos.

e) Los documentos que, conforme a la legislación sectorial vigente, deban ser sometidos a un periodo de información pública durante su tramitación.

f) Los extractos de todos los acuerdos adoptados por el Consejo de Gobierno Foral.
g) Informes emitidos por los órganos consultivos con carácter preceptivo, así como las resoluciones del Tribunal Administrativo Foral de Recursos Contractuales y del Tribunal Económico Administrativo.
h) Las resoluciones administrativas y judiciales de relevancia pública y las resoluciones judiciales definitivas que le afecten.
i) Catálogo actualizado de todos los procedimientos, tanto los que estén disponibles en soporte físico como en soporte electrónico, incluyendo cómo se aplica el silencio administrativo y los recursos que puedan interponerse.
j) Plan normativo anual.
k) Una memoria anual sobre los recursos administrativos y los recursos contencioso-administrativos interpuestos.

Artículo 33. Información sobre contratación, convenios y subvenciones.

Los sujetos enumerados en los números 1 y 2 del artículo 2 deberán publicar la siguiente información:

1. En relación con su actividad de contratación:

   a) La obligación de publicar en el perfil de contratante, al que se remitirá el portal de transparencia estableciendo la correspondiente conexión, toda la información regulada en la legislación básica de contratos del sector público.
   b) Las cesiones de contratos y las subcontrataciones con identidad del subcontratista.
   c) Un informe-resumen final económico con detalle del precio de adjudicación y coste final de los contratos de concesión de obras y servicios, con sus respectivas modificaciones y revisiones de precios incluidas.
   d) Los datos estadísticos sobre el número y porcentaje en volumen presupuestario de los contratos adjudicados a través de cada uno de los procedimientos previstos en la legislación de contratos del sector público, de forma que se conozcan los porcentajes que se contratan en cada modalidad contractual y los porcentajes recibidos por cada una de las empresas que contrata con el sector público en los últimos cuatro años.
   e) El plan anual de contratación pública de contratos a partir del valor estimado de 180.000 euros en caso de servicios y suministros o de 2.000.000 euros en el de obras y concesión de obras y servicios.
   f) En los contratos de concesión de servicios se incorporará la obligación por parte de la empresa adjudicataria de hacer públicos los siguientes datos para facilitar su conocimiento a las personas usuarias:
      I. Las condiciones y obligaciones asumidas por los gestores con relación a la calidad, el acceso al servicio y los requisitos de prestación del servicio.
      II. Los derechos y deberes de las personas usuarias.
      III. El procedimiento para formular quejas o reclamaciones.

2. En cuanto a los convenios y encomiendas de gestión:

a) La relación de los convenios suscritos, con mención de las partes firmantes, su objeto, plazo de duración, modificaciones realizadas, prestaciones convenidas y sujetos obligados a su realización y, en su caso, obligaciones económicas convenidas.
b) La relación de las encomiendas de gestión suscritas, con indicación de su objeto, presupuesto, duración, las obligaciones económicas y las subcontrataciones que se realicen con mención de las personas o entidades adjudicatarias, procedimiento seguido para la adjudicación e importe de la misma.
c) Los encargos a medios propios serán publicados conforme a lo recogido en la legislación de contratos del sector público.

3. En cuanto a las subvenciones:

a) Las subvenciones y ayudas concedidas con indicación de su importe, objetivo, finalidad y personas beneficiarias. En las subvenciones concedidas en régimen de libre concurrencia competitiva se hará público el informe técnico previo a la resolución.
b) Las subvenciones concedidas a partidos políticos, federaciones, coaliciones o agrupaciones de electores para la financiación de los gastos electorales a las que se refiere el artículo 11 de la Ley 1/1987, de 27 de marzo, de Elecciones a Juntas Generales de los Territorios Históricos, con una explicación de la cuantía concedida en los términos previstos en dicho artículo.
c) Los planes estratégicos de subvenciones y sus modificaciones.

Artículo 34. Información económica, financiera, presupuestaria y estadística.

1. Los sujetos enumerados en los números 1 y 2 del artículo 2 deberán hacer pública la información con repercusión económica o presupuestaria que se indica a continuación:

a) Los presupuestos, con descripción de las principales partidas presupuestarias e información actualizada y comprensible de su estado de ejecución y de las modificaciones presupuestarias aprobadas durante el ejercicio, y la información trimestral sobre su grado de ejecución.
b) Cuentas anuales que deban rendirse, y los informes de auditoría de cuentas y de fiscalización que los órganos de control externo realicen sobre dichas cuentas.

2. La Diputación Foral publicará, además, lo siguiente:

2.1. Información sobre presupuestos:

a) Cuenta anual aprobada por el Consejo de Gobierno Foral.
b) La información sobre el cumplimiento de los objetivos de estabilidad presupuestaria y sostenibilidad financiera.
c) La evaluación de impacto de género de los presupuestos.

2.2. Información sobre gastos, ingresos y pagos:

a) La información básica sobre la financiación del Sector Público Foral, con indicación de los diferentes instrumentos de financiación.

b) Ingresos tributarios: información tributaria relativa a los tributos concertados, en especial ingresos fiscales obtenidos por esta vía y porcentaje en función de cada tributo, así como la evolución de los ingresos los últimos años.
c) Autonomía fiscal.
d) Información sobre gastos en programas relevantes.
e) Gasto público e inversión por habitante.
f) Plazo de cumplimiento de pago a proveedores e informes de morosidad.
g) Relación individualizada de las cantidades asignadas anualmente a los municipios de Gipuzkoa como consecuencia de la financiación municipal por tributos concertados.
h) Indicadores de eficiencia y o eficacia de gasto.

2.3. Información sobre endeudamiento:

a) El endeudamiento de la Diputación Foral de Gipuzkoa, su evolución temporal, plazos y características básicas, endeudamiento por habitante y endeudamiento relativo; y las operaciones de endeudamiento autorizadas a sus sociedades mercantiles.
b) Los avales concedidos por la Diputación Foral de Gipuzkoa conforme a los artículos 108 y siguientes de la Norma Foral 4/2007, de 27 de marzo, de Régimen Financiero y Presupuestario del Territorio Histórico de Gipuzkoa.

2.4. Estudios o análisis sobre costes y rendimiento de los servicios públicos que preste la Diputación Foral.

2.5. Información estadística tributaria y sobre la actividad financiera y tributaria.

3. La información económica, financiera, presupuestaria y estadística recogerá en la medida de lo posible los datos desagregados por sexo.

Artículo 35. Información sobre las relaciones con la ciudadanía.

1. Los sujetos enumerados en los números 1 y 2 del artículo 2 harán pública una memoria anual de las peticiones, quejas y sugerencias recibidas y tramitadas, así como de las medidas adoptadas para la subsanación de errores y la mejora en los servicios.

2. La Diputación Foral publicará, además, la información relativa a:

a) Las cartas de servicios.
b) Los procesos participativos iniciados, en curso y concluidos, en los términos previstos en la normativa foral sobre participación ciudadana, y en particular los informes que recogen el resultado de dichos procesos y los acuerdos adoptados en relación con las propuestas realizadas; y el informe anual de la actividad participativa, con incorporación de la perspectiva de género.
c) Las evaluaciones de los procesos participativos y las evaluaciones globales del sistema de participación ciudadana establecidas en la normativa foral específica.
d) Las tasas, tarifas o precios aplicables a la prestación de servicios.
e) Encuestas de satisfacción ciudadana por la prestación de servicios, salvo que éstas sean publicadas a través de otros medios.

f) La información estadística necesaria para valorar el grado de cumplimiento y calidad de los servicios públicos que sean de su competencia, incluida la perspectiva de género.
g) Catálogo de servicios prestados a la ciudadanía por cada departamento.
h) Información sobre publicidad activa cuyo acceso se solicite con mayor frecuencia previa disociación de los datos de carácter personal que contuvieran, así como las resoluciones que denieguen o limiten el acceso a la información una vez hayan sido notificadas a las personas interesadas.
i) Informe anual sobre el grado de cumplimiento de las obligaciones de transparencia y acceso a la información.

Artículo 36. *Informe anual sobre obligaciones de transparencia y acceso a la información pública.*

1. En el primer trimestre del año natural, el departamento de la Diputación Foral de Gipuzkoa que tenga atribuida la coordinación en materia de transparencia elaborará un informe sobre el grado de cumplimiento de la presente norma foral durante el año natural inmediatamente anterior.

2. Dicho informe contendrá, como mínimo, los siguientes extremos:

   a) Cumplimiento de las obligaciones de publicidad activa por parte de cada departamento de la Diputación Foral de Gipuzkoa y resto de entidades enumeradas en números 1 y 2 del artículo 2. El informe incluirá una valoración cuantitativa y una cualitativa de la información, valorándose el hecho de la publicación, el contenido de la información, esto es, los atributos de la misma, y el soporte web en el que se publica.
   b) Contenidos más consultados del portal de transparencia.
   c) Ejercicio del derecho de acceso a la información pública ante los sujetos enumerados en los números 1 y 2 del artículo 2: número de solicitudes presentadas; número de solicitudes resueltas; plazo medio de resolución; número de solicitudes estimadas totalmente, parcialmente o con oposición de terceras personas; número de solicitudes desestimadas e inadmitidas; causas de estimación parcial o con oposición de terceras personas, de desestimación y de inadmisión; información solicitada con más frecuencia; y perfil de la persona solicitante (tramo de edad, sexo, e idioma utilizado en la solicitud). La Diputación Foral presentará esa información por departamentos.
   d) A los efectos previstos en el apartado anterior, los departamentos de la Diputación Foral, y las demás entidades enumeradas en los números 1 y 2 del artículo 2 deberán remitir al departamento que tenga atribuida la coordinación en materia de transparencia la información que éste les requiera para la elaboración del informe, dentro de los dos primeros meses del año.

3. El informe elaborado será presentado al Consejo de Gobierno Foral quien conocerá el mismo. Posteriormente, se remitirá a las Juntas Generales de Gipuzkoa. Una vez tramitado el informe, se publicará en el portal de transparencia junto con la comunicación enviada por éstas.

Artículo 37. Nuevas obligaciones e histórico de la publicidad activa.

1. El Consejo de Gobierno Foral podrá ampliar reglamentariamente las obligaciones de publicidad activa contempladas en el presente capítulo y desarrollará reglamentariamente los tiempos de incorporación, mantenimiento y eliminación de la información del portal de transparencia. Con carácter general, la información se mantendrá activa durante cinco años, transcurridos los cuales pasarán a formar parte del histórico al que se refiere el apartado siguiente. La información relativa a las personas que han ocupado cargos públicos será de tres meses, contados a partir del cumplimiento de las obligaciones contenidas en la Norma Foral 4/2011, de 19 de diciembre, reguladora de los registros de actividades y de bienes y de intereses en el ámbito del sector público foral del Territorio Histórico de Gipuzkoa.

2. El portal de transparencia regulado en el artículo 44 mantendrá un histórico de la información que se vaya publicando y que deja de ser actual, por un periodo de diez años.

SECCIÓN 3.ª Datos abiertos

Artículo 38. Apertura y reutilización de datos.

1. El sector público foral abrirá, por defecto, la información de la que dispone en formatos reutilizables e interoperables para su uso tanto público-social como privado-comercial, con objeto de reforzar la transparencia, facilitar un mejor conocimiento y control de la acción pública por parte de la ciudadanía, al tiempo que generar una economía colaborativa del conocimiento. Los datos serán publicados respetando las características descritas en el artículo 27.

2. Se incluyen los documentos de bibliotecas, museos y archivos forales cuando sean titulares originarios de derechos de propiedad intelectual como creadores de la misma, así como cuando sean titulares porque les ha sido transmitida la titularidad de los derechos, respetando en todo caso los términos de la cesión y conforme a lo dispuesto en la legislación de propiedad intelectual.

3. Se incluyen también los datos de que dispongan las empresas adjudicatarias de gestión de servicios públicos mediante contratos de concesión de servicios.

4. No será de aplicación esta norma foral a los documentos que afecten a la Administración Tributaria o aquellos que estén protegidos por la normativa de protección de datos personales, documentos con propiedad o con sujetos que tienen interés legítimo, documentos sobre los que existen derechos de propiedad intelectual o comercial y otros regulados en la normativa que les es de aplicación.

5. La reutilización de la información que contenga datos de carácter personal se regirá por lo dispuesto en la normativa de protección de datos de carácter personal. Como regla general, se aplicarán los debidos procedimientos de anonimización, de modo que la información ofrecida no pueda asociarse a persona identificada o identificable.

6. La apertura de datos se hará de forma progresiva en función de los recursos humanos y materiales de que disponga la Administración, priorizando aquellos de mayor impacto y utilidad, así como aquellos más solicitados por la ciudadanía.

Artículo 39. *Régimen administrativo de la reutilización de datos.*

1. En principio, los datos serán abiertos y gratuitos y, en coherencia con ello, las licencias que se utilizarán serán abiertas, no exclusivas, sin necesidad de someterlas a autorización, con las mínimas restricciones y de acuerdo a los parámetros internacionales. No obstante, reglamentariamente se podrá acordar el sometimiento de la reutilización de datos al otorgamiento de una licencia previa.

2. Se podrá, así mismo, solicitar la reutilización de datos mediante el procedimiento de tramitación de solicitudes previsto en el artículo 48.

3. La utilización de la información se realizará por parte de las personas usuarias o agentes de la reutilización bajo su responsabilidad y riesgo, correspondiéndoles en exclusiva responder frente a terceros por los daños que pudieran derivarse de dicho uso. La Diputación Foral no será responsable del uso que de su información hagan las personas usuarias o agentes reutilizadores ni tampoco de los daños materiales o sobre datos sufridos o pérdidas económicas que, de forma directa o indirecta, produzcan o puedan producirse provocados por el uso de la información reutilizada.

4. Cuando la solicitud se desestime con base en supuestos de propiedad intelectual de terceros, se incluirá referencia de la persona titular de ellos en caso de ser conocida. Quedan excluidos de esta obligación las bibliotecas, museos y archivos.

Artículo 40. *Plan e inventario de datos abiertos.*

1. La política sobre datos abiertos y reutilización de la información se podrá plasmar en un plan en el que se establecerán prioridades, mecanismos e instrumentos para la apertura de datos, así como una evaluación sobre su implantación. El plan o programa garantizará la sostenibilidad económica de los datos e incluirá políticas de fomento de reutilización por parte de la ciudadanía y del sector económico.

2. Con objeto de desplegar una política participada de datos abiertos, la Diputación Foral hará público el conjunto de datos con los que cuenta para facilitar de este modo que la ciudadanía proponga proyectos de apertura de datos y contará con un espacio en el portal de transparencia para realizar sus propuestas y aportaciones.

Artículo 41. *Colaboración inter-administrativa.*

1. La Diputación Foral colaborará con las instituciones locales de Gipuzkoa en la apertura y reutilización de la información facilitando la participación de las mismas en el sistema de datos en su portal de transparencia.

2. La Diputación Foral federará su sistema con la plataforma Open data Euskadi con el doble objetivo de aprovechar de forma eficiente las iniciativas públicas de open data y de facilitar la reutilización de la información por parte de las personas físicas o jurídicas usuarias de la información pública para el desarrollo de nuevos productos o servicios.

SECCIÓN 4.ª Organización administrativa

Artículo 42. Unidades departamentales de información en transparencia y datos.

1. En el ámbito de la Diputación Foral, dentro de cada departamento, corresponderán a la Secretaría Técnica o a la unidad administrativa a la que se atribuya la competencia en el respectivo decreto foral de estructura orgánica y funcional, las siguientes funciones en relación con la publicidad activa y el derecho de acceso a la información pública:

    a) Recabar la información sujeta a publicidad activa y difundirla a través del portal de transparencia.
    b) Tramitar las solicitudes de acceso a la información y elaborar la propuesta de resolución.
    c) Realizar los trámites internos necesarios para el acceso efectivo a la información por parte de la persona solicitante.
    d) Elaborar la información sobre el cumplimiento de la presente norma foral dentro de su departamento, para el informe anual previsto en el artículo 36.
    e) Y en general, impulsar la transparencia dentro del departamento.

2. El resto de los servicios del departamento prestarán la máxima colaboración a la Secretaría Técnica o unidad administrativa antes referida. Cada servicio será responsable de facilitar la información pública en su poder objeto de publicidad activa o de una solicitud de acceso a la Secretaria Técnica o unidad administrativa o, en su caso, directamente a la persona solicitante de la información.

3. Todas las unidades y servicios de la Diputación Foral en tanto que poseedoras de la información, serán responsables de hacer pública la información generada con recursos públicos como datos abiertos, en las condiciones y con las características señaladas en la presente norma foral.

4. Por su parte, las entidades del sector público foral designarán en el seno de sus organizaciones las unidades de información a efectos de la presente norma foral y lo comunicarán a quien ejerza las funciones de coordinación del artículo 43.

Artículo 43. Coordinación entre departamentos.

1. La coordinación interdepartamental en transparencia, datos y ejercicio del derecho de acceso a la información corresponderá al departamento competente por razón de la materia.

2. Serán funciones del mismo:

    a) La coordinación de las unidades departamentales de transparencia e información y la convocatoria de reuniones.

b) Elaboración técnica del Informe anual de transparencia.
c) La elaboración de circulares para la adecuada aplicación de la normativa.
d) La gestión del portal de datos.
e) La identificación de datos a publicar conjuntamente con las unidades departamentales y la generación del inventario de información reutilizable.
f) La elaboración, en su caso, del plan de datos abiertos y su evaluación.
g) La gestión de las solicitudes de información y apertura de datos y de atención ciudadana.
h) Cualquier otra función que se considere necesaria para una buena coordinación.

3. Las personas titulares de las secretarías técnicas o de las unidades administrativas responsables de transparencia se reunirán, con la periodicidad que estimen oportuno, para la puesta en común, valoración y coordinación de las actuaciones realizadas y a realizar en materia de publicidad activa y acceso a la información pública, y para fijar criterios homogéneos en la implantación de la transparencia, así como para conocer el informe anual del artículo 36.

4. Las personas titulares de los servicios poseedores de información contarán con espacios de diálogo y coordinación de las actuaciones de apertura de datos, impulsados por aquel que tenga atribuida la competencia por razón de la materia.

Artículo 44. Portal de transparencia.

1. El portal de transparencia de la Diputación Foral es la dirección electrónica disponible a través de redes públicas de telecomunicaciones cuya titularidad, gestión y administración corresponde a la Diputación Foral y tiene por objeto poner a disposición del público la información pública de la que dispone, tanto la información sujeta a las obligaciones de publicidad activa conforme a la presente norma foral en origen o mediante enlaces a las correspondientes páginas de Internet de los distintos sujetos enumerados en los números 1 y 2 del artículo 2 y aquellas otras que se considere de interés. En el mismo se pondrá, además, a disposición de la ciudadanía el catálogo de datos en formatos abiertos para su reutilización.

2. El portal no tendrá la consideración jurídica ni técnica de sede electrónica, y contará con las características y mecanismos adecuados para garantizar la accesibilidad universal, la neutralidad tecnológica, la interoperabilidad, la calidad y reutilización de la información publicada, así como su identificación y localización.

3. El acceso inicial a los contenidos del portal será siempre a la página en euskera, en la que constará el enlace correspondiente a la página en castellano y, si procede, otras lenguas.

4. Se utilizará un lenguaje que visibilice a mujeres y hombres; y en los contenidos de la información y en las imágenes que, en su caso, acompañen a dichos contenidos, se deberá garantizar un tratamiento equilibrado, igualitario, plural y no estereotipado y que refleje adecuadamente la presencia de las mujeres en los diversos ámbitos de la vida social, política, económica y cultural.

5. El portal de transparencia será accesible a través del portal institucional de Gipuzkoa.

6. El portal de transparencia podrá contener los enlaces a los respectivos portales de transparencia de los ayuntamientos de Gipuzkoa y el resto de sujetos y entidades del territorio histórico con obligaciones de publicidad activa impuestas por la normativa que les sea de aplicación.

7. Además, la Diputación Foral podrá adoptar otras medidas complementarias y de colaboración con el resto de administraciones públicas u otras entidades para el cumplimiento de sus obligaciones de publicidad activa.

CAPÍTULO II. DERECHO DE ACCESO A LA INFORMACIÓN PÚBLICA

Artículo 45. Ejercicio del derecho de acceso a la información pública.

1. Todas las personas podrán ejercer el derecho de acceso a la información pública ante los sujetos enumerados en los números 1 y 2 del artículo 2. El ejercicio de este derecho, incluido su procedimiento, se regirá por las previsiones recogidas en esta norma foral y por lo dispuesto en la legislación que le sea de aplicación.

2. El ejercicio de este derecho no exige motivar la solicitud ni ostentar la condición de persona interesada, ni la concurrencia de ningún otro derecho o interés legítimo.

3. El derecho de acceso a la información se hará efectivo mediante procedimientos basados en las menores exigencias formales, así como la sencillez y rapidez en su desarrollo y resolución.

Artículo 46. Limitaciones al ejercicio del derecho de acceso a la información pública.

1. El ejercicio del derecho de acceso a la información pública se limitará o denegará en los términos previstos en la normativa básica.

2. Estas limitaciones se interpretarán de forma restrictiva, valorando el daño que el acceso podría originar al bien jurídico o interés protegido por la limitación (test de ponderación del daño) y, adicionalmente, se ponderará si hay un interés público en el acceso superior al interés o bien que justifica la limitación (test de ponderación de intereses).

3. En todo caso, las limitaciones al ejercicio del derecho de acceso sólo serán de aplicación durante el periodo de tiempo determinado por las leyes o en tanto se mantenga la razón que las justifique.

4. Las resoluciones que se dicten en aplicación de este artículo pondrán fin al procedimiento y serán objeto de publicidad, previa disociación de los datos de carácter personal que contuvieran, una vez hayan sido notificadas a las personas interesadas.

Artículo 47. *Acceso parcial.*

En caso de que la información solicitada contenga información afectada por alguna de las limitaciones previstas en el artículo anterior, la entidad podrá conceder acceso parcial previa omisión de la información afectada por el límite, salvo que de ello resulte una información carente de sentido, debiéndose señalar qué parte ha sido omitida.

Artículo 48. *Procedimiento de acceso.*

1. La solicitud se podrá hacer por cualquier medio, sea oral o escrito. En caso de que la solicitud se formule de forma oral o por comparecencia ésta deberá hacerse ante las oficinas de atención ciudadana. Cuando la solicitud se formule en comparecencia, ésta se recogerá en formato electrónico y se dará una copia a la persona solicitante; cuando la solicitud se realice mediante comunicación telefónica, se facilitará la referencia del código de solicitud.

2. Las solicitudes de acceso a la información y datos abiertos contendrán la siguiente información:

   a) Identidad de la persona solicitante.
   b) Información a la que desea tener acceso.
   c) Formato o forma de materializar la información.
   d) Dirección de contacto, preferentemente electrónica.

3. Si en la solicitud no se aportaran debidamente dichos datos o no fuera identificada suficientemente la información solicitada, se requerirá a la persona solicitante para que la subsane o complete en un plazo de diez días, con indicación de que, si así no lo hiciera, se le tendrá por desistida de su petición, previa resolución.

4. En la solicitud se indicará si la información solicitada la hace con carácter público o cerrado, esto es, si autoriza o no a que su consulta, previa disociación de datos, sea publicada con carácter informativo en el portal de transparencia. Se incluirá en la solicitud, así mismo, la variable sexo de la persona solicitante con fines estadísticos.

5. Si las solicitudes se refieren a información que afecte a derechos e intereses de terceras personas, debidamente identificadas, la unidad tramitadora les dará trámite de audiencia, oral o escrita, para que aleguen lo que crean conveniente para lo que se les concederá un plazo de quince días. La persona solicitante deberá ser informada de esta circunstancia, así como de la suspensión del plazo para resolver hasta que se reciban las alegaciones o haya transcurrido el plazo concedido para su presentación.

6. En el ámbito de la Diputación Foral, la solicitud se tramitará por la Secretaría Técnica del departamento en cuyo poder se encuentre la información solicitada o por la unidad administrativa a la que se atribuya dicha función en el respectivo decreto foral de estructura orgánica y funcional. Si se encuentra en poder de varios departamentos, corresponderá la tramitación a la Secretaría Técnica o unidad administrativa del departamento que la haya elaborado o generado en su parte principal.

7. Si la solicitud se presenta directamente ante las entidades del sector público foral, distintas a la Diputación Foral, u otros sujetos obligados por esta norma foral, éstas remitirán la solicitud para su registro y resolución al departamento de la Diputación Foral a la que se encuentre vinculada, junto con la información solicitada, si estuviera en su poder.

8. Los servicios de los departamentos prestarán la máxima colaboración y darán la máxima prioridad a las peticiones que reciban de la Secretaría Técnica o unidad administrativa tramitadora.

9. Cuando se trate de información en posesión de personas físicas y jurídicas que presten servicios públicos o ejerzan potestades administrativas, las solicitudes se tramitarán por la Secretaría Técnica o unidad administrativa del departamento con el que se encuentren vinculadas.

10. Para la presentación electrónica de las solicitudes de acceso dirigidas a los sujetos enumerados en los números 1 y 2 del artículo 2 se habilitará el correspondiente recurso en el portal de transparencia, en el sistema de consultas y quejas de la Diputación Foral o en cualquier otro que pudiera instaurarse y que facilite el ejercicio de ese derecho y se publique en la sede electrónica. Estará disponible en dicho portal un modelo normalizado de solicitud para facilitar, en todo caso, el ejercicio de este derecho.

Artículo 49. Inadmisión de las solicitudes y reglas aplicables.

1. La inadmisión de solicitudes que deberá ser motivada, se acordará únicamente cuando concurran las siguientes causas:

   a) Que se refiera a documentación que esté en curso de elaboración o publicación general. En este caso la resolución de no admisión especificará el órgano que está elaborando la información, plazo estimado para su conclusión, modo de publicación de la misma o el lugar en el que estará disponible.
   b) Que se refiera a documentación de carácter auxiliar o de apoyo y carezca de relevancia jurídica o interés público. Los informes preceptivos no tendrán la consideración de carácter auxiliar o de apoyo; tampoco la tendrán los facultativos incorporados como motivación de una decisión final.
   c) Que la información requiera una reelaboración compleja para su difusión. La solicitud de información que pueda obtenerse mediante tratamiento informatizado de uso corriente no se considerará reelaboración de la información.
   d) Que la solicitud se dirija a un órgano que no dispone de la misma ni tenga constancia de qué entidad dispone de ella.
   e) Que sea manifiestamente repetitiva o tenga carácter abusivo no justificado con la finalidad de transparencia o suponga, en su caso, costes desproporcionados en relación con el objeto de la solicitud.

2. En todo caso, las causas de inadmisión se interpretarán de forma restrictiva en aplicación del principio de máxima accesibilidad.

Artículo 50. Resolución.

1. Será competente para la resolución de la solicitud el diputado o diputada general o la diputada o diputado foral del departamento que la ha tramitado de conformidad con lo previsto en el artículo 48.

2. La Diputación Foral dará respuesta a todas las solicitudes, las resolverá en plazo y las notificará a la persona interesada.

3. La resolución de la solicitud deberá notificarse en el plazo máximo de 20 días desde su recepción. Dicho plazo podrá ampliarse por igual periodo en el caso de que el volumen o la complejidad de la información solicitada lo requieran. En este supuesto, dentro de los primeros cinco días, deberá comunicarse a la persona solicitante la ampliación del plazo y el motivo que la justifica. Se entenderá desestimada la solicitud si transcurridos 20 días desde su presentación no se ha emitido resolución expresa.

4. Si la información que se facilita ha sido elaborada o generada en parte por otra Administración o entidad ajena al ámbito de aplicación de la presente norma foral, en la resolución se señalará tal circunstancia, y se indicará la fuente o fuentes originarias de la información.

5. Con carácter general, la notificación de la resolución estimatoria irá acompañada de la información solicitada o del acceso inmediato a dicha información, salvo que concurra alguna causa legalmente prevista que demore el acceso o las características de la información o de la forma o formato de acceso no permitan dicha inmediatez. Si no se accede inmediatamente a la información, la resolución recogerá expresamente cuándo y cómo se materializará tal acceso, que será, en cualquier caso, en un plazo no superior a 10 días.

6. Cuando la desestimación para la reutilización de datos estuviera basada en supuestos de propiedad intelectual de terceros, se incluirá referencia de la persona titular de los mismos en caso de ser conocida. Quedan excluidos de esta obligación las bibliotecas, museos y archivos.

7. La resolución que se dicte será susceptible de la reclamación potestativa ante la Comisión de Reclamaciones en materia de Transparencia prevista en esta norma foral en el plazo de un mes, así como, en su caso, del recurso contencioso-administrativo que corresponda.

Artículo 51. Materialización del acceso a la información pública.

1. Con carácter general, la información pública solicitada se suministrará en la forma y formato elegido por la persona solicitante y, en su defecto, se facilitará, preferentemente, por vía electrónica, siempre que sea posible. Cuando la copia que se remite lo es en formato electrónico se deberá asegurar que la persona interesada pueda tratarla y reutilizarla.

2. No obstante lo dispuesto en el apartado anterior, se podrá dar acceso a la información en forma y formato distintos a los señalados por la persona solicitante en los siguientes casos:

a) Cuando la información ya ha sido publicada y sea de fácil acceso, en cuyo caso la resolución podrá limitarse a indicar cómo acceder a ella.
b) Cuando el acceso in situ pueda ocasionar la pérdida o deterioro del soporte original.
c) Cuando no sea posible la copia en el formato elegido debido a la inexistencia de equipos técnicos disponibles.
d) Cuando la modalidad de acceso elegida pueda afectar al derecho de propiedad intelectual.
e) Cuando sea más sencilla o económica para el erario público.

3. El acceso a la información será gratuito. No obstante, si se materializa mediante la expedición de copias o la trasposición a un formato diferente al original, se podrá exigir el pago de una cantidad que no exceda de su coste real, de conformidad con lo establecido en la Norma Foral de Tasas y Precios Públicos.

4. En el portal de transparencia regulado en el artículo 44 se hará público el listado de tasas y precios que sean de aplicación.

CAPÍTULO III. GARANTÍAS DE TRANSPARENCIA Y RÉGIMEN SANCIONADOR

SECCIÓN 1.ª Garantías de transparencia

Artículo 52. Comisión de Reclamaciones en materia de Transparencia.

1. Se crea la Comisión de Reclamaciones en materia de Transparencia, órgano colegiado independiente con autonomía funcional que entenderá de las reclamaciones que las ciudadanas y ciudadanos realicen sobre la obligación de información activa y el ejercicio del derecho de acceso a la información pública.

2. Son funciones de la Comisión de Reclamaciones en materia de Transparencia:

a) Resolver las reclamaciones frente a la denegación expresa o presunta del derecho de acceso a la información pública.
b) Estudiar las denuncias sobre posibles incumplimientos de publicidad activa por parte de las personas que tengan la consideración de personal alto cargo o personal asimilado.
c) Instar la incoación de expedientes disciplinarios cuando existan indicios fehacientes, acreditados mediante informe evacuado al efecto, de incumplimiento de las obligaciones de transparencia previstas en la presente norma foral.
d) Elaborar un informe anual de su actividad que se integrará en el informe que contempla el artículo 36 de la presente norma foral.

3. La Comisión de Reclamaciones en materia de Transparencia estará adscrita al departamento competente por razón de la materia a efectos presupuestarios y de recursos materiales.

4. La Comisión de Reclamaciones en materia de Transparencia se compone de tres personas funcionarias de carrera de la Diputación Foral, de los cuales dos, como mínimo, deben

pertenecer al Grupo A para cuyo ingreso se haya exigido la Licenciatura en Derecho o Grado Universitario del mismo. El desempeño de las funciones no conllevará dedicación exclusiva, alternando con el desempeño de las tareas propias de su puesto de trabajo.

5. Las personas que se designen como miembros de la Comisión de Reclamaciones en materia de Transparencia serán nombradas por la Diputación Foral, por un periodo de cuatro años y su composición se publicará en el Portal de Transparencia. En su designación se tendrá en cuenta la presencia equilibrada de hombres y mujeres, en el que cada sexo estará representado al menos por el 40/% de conformidad con la Ley 4/2005, de 18 de febrero, para la Igualdad de Mujeres y Hombres.

6. La Diputación Foral desarrollará las previsiones contenidas en el presente artículo mediante decreto foral y determinará las normas de organización, procedimiento y funcionamiento del citado órgano.

Artículo 53. Garantías de la transparencia.

1. Las personas con responsabilidad pública vienen obligadas a atender las obligaciones de publicidad activa y solicitudes de derecho de información pública de conformidad con lo establecido en la presente norma foral y cualquier otra legislación que sea aplicable.

2. Los ciudadanos y las ciudadanas podrán denunciar los incumplimientos de las obligaciones de publicidad activa y atención a las solicitudes sobre derecho de información pública ante la Comisión de Reclamaciones en materia de Transparencia, quién tras analizar el alcance de la denuncia podrá requerir al órgano competente el cumplimiento de tales obligaciones.

3. Si las personas que tengan la consideración de personal alto cargo foral o personal asimilado no atendieran a tales requerimientos o solicitudes o las mismas fueran inadmitidas o denegadas de forma no motivada, la Comisión de Reclamaciones en materia de Transparencia procederá a instar al órgano competente la incoación de expediente por incumplimiento de las exigencias legales, en los términos previstos en esta norma foral.

SECCIÓN 2.ª Régimen sancionador

Artículo 54. Responsables.

Son responsables de las infracciones previstas en esta sección las personas que tengan la consideración de personal alto cargo o personal asimilado.

Artículo 55. Régimen de infracciones imputables al personal alto cargo y personal asimilado.

1. Son infracciones muy graves imputables a las personas definidas en el artículo anterior:

   a) El incumplimiento de las obligaciones sobre publicidad activa, cuando se haya desatendido más de tres veces, en un período de dos años, el requerimiento expreso de la Comisión de Reclamaciones en materia de Transparencia.

b) El incumplimiento reiterado, más de tres veces, en un período de dos años, de las resoluciones dictadas en materia de acceso por la Comisión de Reclamaciones en materia de Transparencia en las reclamaciones que se le hayan presentado.

2. Son infracciones graves:

a) El incumplimiento reiterado, más de dos veces en un año, de la obligación de publicar la información de publicidad activa requerida en el presente norma foral.
b) El incumplimiento reiterado, por dos veces en un periodo de dos años, de las resoluciones dictadas en materia de acceso por la Comisión de Reclamaciones en materia de Transparencia.
c) El suministro de información incumpliendo las exigencias derivadas del principio de veracidad de la información pública, de acuerdo con lo establecido en esta norma foral.
d) La negativa reiterada e injustificada, más de dos veces en un año, a facilitar la colaboración requerida para el desarrollo de sus funciones en la tramitación de las reclamaciones que se presenten ante la Comisión de Reclamaciones en materia de Transparencia.
e) El incumplimiento reiterado e injustificado, más de dos veces en un año, de la obligación de resolver en plazo la solicitud de acceso a la información pública.

3. Son infracciones leves:

a) El incumplimiento de las obligaciones establecidas en esta norma foral que no se consideren graves o muy graves.
b) El incumplimiento injustificado de la obligación de resolver en plazo la solicitud de acceso a la información pública.

Artículo 56. Sanciones aplicables al personal alto cargo y personal asimilado.

1. Las infracciones leves previstas en el artículo anterior podrán sancionarse con amonestación o multa comprendida entre 200 y 1.000 euros.

2. Las infracciones graves podrán sancionarse con declaración del incumplimiento y publicación en elBoletín Oficial de Gipuzkoa o multa comprendida entre 1.001 y 6.000 euros.

3. Las infracciones muy graves imputables al personal alto cargo y personal directivo podrán sancionarse con declaración del incumplimiento y publicación en elBoletín Oficialde Gipuzkoa o con multa comprendida entre 6.001 y 12.000 euros.

Artículo 57. Procedimiento sancionador.

1. El órgano competente para iniciar la incoación será el diputado o diputada del departamento competente por razón de la materia.

2. La instrucción del expediente corresponderá a la unidad administrativa que tenga atribuida esa competencia en el decreto foral que establezca la estructura orgánica y funcional.

3. En todo caso, el procedimiento se iniciará de oficio, por acuerdo del órgano competente, bien por propia iniciativa o a instancias de la Comisión de Reclamaciones en materia de Transparencia, petición razonada de otros órganos o denuncia de un particular.

4. La Comisión de Reclamaciones en materia de Transparencia, cuando constate incumplimientos en esta materia susceptibles de ser calificados como alguna de las infracciones previstas en este capítulo, facilitará toda la información recabada en el expediente al órgano competente para la incoación del procedimiento. Una vez la Comisión de Reclamaciones en materia de Transparencia inste la incoación del procedimiento, el órgano competente estará obligado a incoar el procedimiento en el plazo máximo de quince días y a comunicar el resultado del mismo.

5. El órgano competente para resolver podrá adoptar en cualquier momento, mediante acuerdo motivado, las medidas de carácter provisional que resulten necesarias para asegurar la eficacia de la resolución que pueda dictarse posteriormente.

Artículo 58. Competencia sancionadora.

1. En el supuesto de que las infracciones sean imputables a personal alto cargo, la potestad sancionadora será ejercida por el titular del departamento del cual dependa la persona infractora, en el caso de las sanciones leves y graves, y por el Consejo de Gobierno Foral, en el caso de las sanciones muy graves.

2. En el caso de personal cargo directivo del resto de entidades del sector público de Gipuzkoa, esto es, personal asimilado, la titularidad de la potestad sancionadora corresponderá a la persona titular del departamento al que está adscrita la entidad.

Artículo 59. Publicidad de las sanciones.

Las sanciones que se impongan por la comisión de infracciones muy graves y graves previstas en la presente norma foral se harán públicas en el portal de transparencia, en la sede electrónica o en la Web correspondiente, sin perjuicio de los supuestos en que deban ser objeto de publicación en elBoletín Oficialde Gipuzkoa y de que puedan hacerse constar en el informe anual de evaluación que realice el órgano que tenga atribuida esa competencia por razón de la materia en la Diputación Foral.

TÍTULO V

Evaluación de la Norma Foral

Artículo 60. Evaluación de la norma foral.

1. La Diputación Foral procederá a evaluar cada cinco años los resultados e impactos de la presente norma foral en el avance y mejora del buen gobierno en los diferentes conceptos en ella recogidos.

2. La evaluación será participada y se realizará contando con la colaboración científica y técnica recogida en el artículo 16. En aras a que la misma sea objetivamente evaluada, se definirán por el Consejo de Gobierno Foral los indicadores de buen gobierno que emanan de esta norma foral. Tanto los indicadores como la evaluación incorporarán el enfoque de género conforme a lo recogido en el artículo citado.

3. El informe de evaluación, tras su aprobación por el Consejo de Gobierno Foral, se trasladará a las Juntas Generales para su debate.

Disposición adicional primera. Juntas Generales.

Las Juntas Generales regularán en su Reglamento la aplicación concreta de las disposiciones relativas a las obligaciones de publicidad activa y derecho de acceso a la información pública previstas en el título IV de la presente norma foral y título I de la Ley 19/2013, de 9 de diciembre, de transparencia, acceso a la información pública y buen gobierno.

Disposición adicional segunda. Órgano de Garantía.

El Órgano de Garantía del Sistema de Integridad Institucional previsto en el artículo 11 de la presente norma foral será la Comisión de Ética Institucional del sector público foral del Territorio Histórico de Gipuzkoa regulada por Decreto Foral 3/2016, de 1 de marzo, o normativa que lo sustituya.

Disposición adicional tercera. Registro de Grupos de Interés.

La Diputación Foral aprobará en el plazo de un año el decreto foral regulador del Registro de Grupos de Interés recogido en el artículo 14 de la presente norma foral.

Disposición adicional cuarta. Personal empleado público.

Lo expuesto en esta norma foral, en lo que afecta las personas empleadas públicas, empleadas de sociedades mercantiles forales o fundaciones del mismo carácter, se entiende sin perjuicio de la aplicabilidad, en su caso, de lo establecido en los artículos 52 a 54 del Texto Refundido de la Ley del Estatuto Básico del Empleado Público.

Disposición derogatoria única.

Quedan derogadas cuantas normas de igual o inferior rango en lo que contradigan o se opongan a lo dispuesto en esta norma foral. Expresamente quedan derogadas: la Norma Foral 4/2014, de 6 de febrero, de transparencia y acceso a la información pública y la letra c del párrafo segundo del artículo 17 de la Norma Foral 3/2007, de 27 de marzo, de subvenciones del Territorio Histórico de Gipuzkoa.

Disposición final primera. Habilitación normativa.

Se faculta al Consejo de Gobierno Foral para dictar cuantas disposiciones sean precisas para el desarrollo y la ejecución de lo establecido en la presente norma foral.

Disposición final segunda. Entrada en vigor.

La presente norma foral entrará en vigor el día siguiente al de su publicación en elBoletín Oficialde Gipuzkoa.